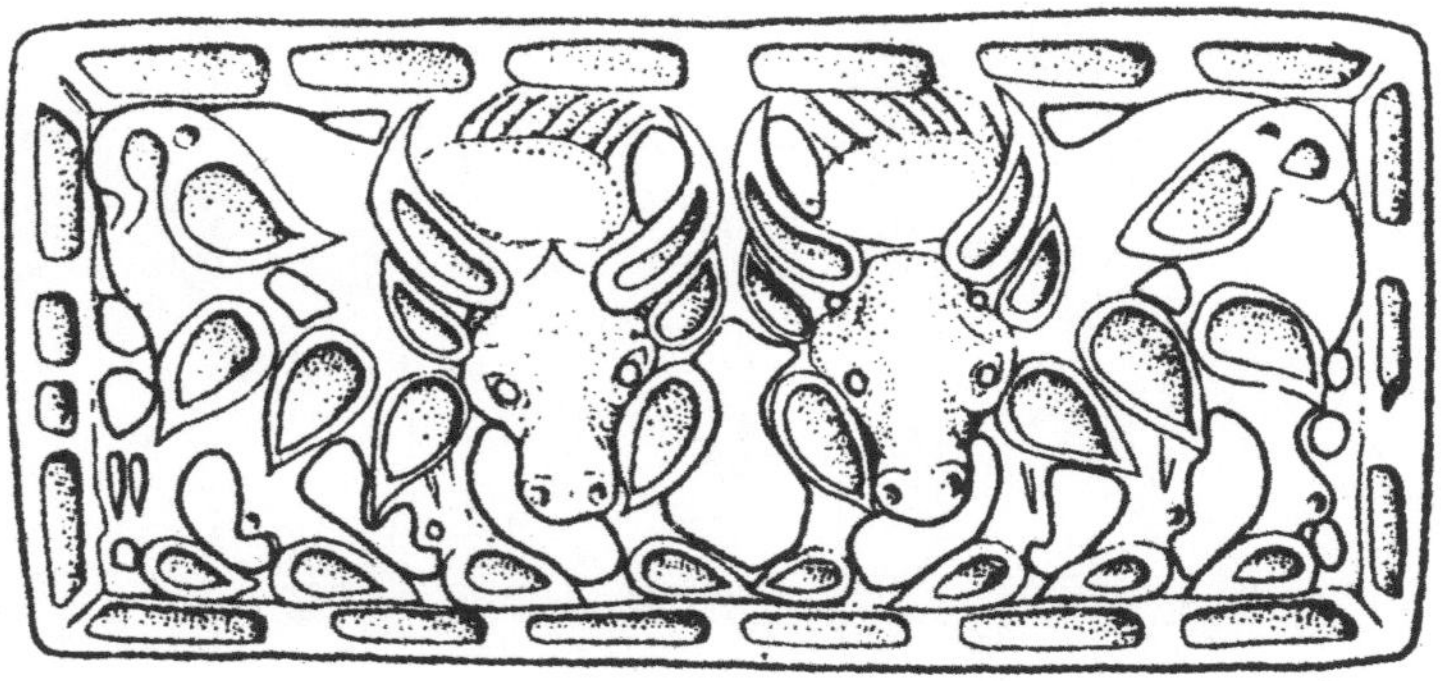

監修者——木村靖二／岸本美緒／小松久男／佐藤次高

［カバー表写真］
匈奴との戦い
（胡漢戦争画像磚，河南省博物院所蔵）

［カバー裏写真］
匈奴の鷹形金冠飾
（内蒙古杭錦旗匈奴墓出土）

［扉写真］
動物闘争文帯飾板
（上・中：オルドス高原出土，下：西溝畔匈奴墓出土）

世界史リブレット人14

冒頓単于

匈奴遊牧国家の創設者

Sawada Isao
沢田勲

目次

大興安嶺とケルレン川

モンゴル高原

ユーラシア大陸の東北部に、緑豊かな草原が広がっている。この草原を包むようにして東は大興安嶺《だいこうあんれい》山脈が連なり、西にはハンガイ山脈・アルタイ山脈がそびえ、南はゴビ砂漠をへて陰山《いんざん》山脈が中国と接している。中央部ではオルホン・セレンガの両河がバイカル湖へとそそぎ、東のオノン・ヘルレン両河が遊牧民の貴重な水源となっている。これらを総称して、「モンゴル高原」と呼んでいる。モンゴル高原は標高が平均一五〇〇メートルほどで、冬は長く、零下四〇度をこえることもめずらしくない。それゆえ、この地に住む人々は我慢強く、困難に立ち向かう力をもっている。

古来、モンゴル高原を制した者が、ユーラシア大陸草原地帯の覇者となった。

▼チンギス・ハン（一一六二?〜一二二七、在位一二〇六〜二七）　モンゴル帝国の始祖。幼名はテムジン。その生誕年に異説がある。一二〇六年、オノン川の畔でクリルタイ（モンゴル高原の氏族長会議）を開催し、チンギス・ハンを名乗る。チンギスとは古代トルコ語の「勇猛な」という意味である。即位したのち、西《せい》夏《か》・金《きん》・中央アジアに遠征する。その死は厳重に秘密にされ、いまだにその墓は発見されていない。

▼「外蒙古」「内蒙古」　モンゴル帝国以前には、漢民族から万里の長城の北という意味で「塞北」、あるいは、ゴビ砂漠の南北によって「漠南」「漠北」と呼んでいた。

モンゴルという名称は、十三世紀チンギス・ハン▲の統率のもとに、大帝国を建てたモンゴル部族にちなんでつけられたものであり、一部族の名称が地域名となったのである。

二十世紀初頭、モンゴルは地理的にもソ連と中華民国の二大大国にはさまれ、第三国と交渉するにもどちらかの国を経由する必要があった。そのころのソ連と中国は決して友好な関係とはいえず、モンゴルはどちらに付くか二者択一を迫られていた。結局、モンゴルはソ連の援助を受けることを選択した。すなわち、世界で二番目の社会主義国モンゴル人民共和国の誕生である。この結果、中国からの援助は受けられず、長年苦しい立場をしいられ続けてきた。一方、ソ連はモンゴル人民共和国を自国の一部であるかのように締めつけをおこない、モンゴル文字の使用を禁じ、歴史教育でもモンゴル人の英雄チンギス・ハンのことさえも、語ることを許されなかった時代が続いたのである。

現在、日本では一般的に「外モンゴル」「内モンゴル」と呼んで区別するが、現在のモンゴル国の人々は決してそのような呼び方はしない。「モンゴル」を大きく南北二つに分けて、現在のモンゴル国は「北モンゴル」、中華人民共和国領内の内蒙古自治区を「南モンゴル」と位置づけ、バイカル湖南畔にあるブリヤート・モンゴル（ロシア連邦内）は「北モンゴル」の範疇に組み入れている。

十七世紀中頃、清朝はモンゴル（厳密にいうと東部地区で、西方のジュンガル地方は独立していた）を併合するさい、「外蒙古」「内蒙古」▲という区別を打ち出した。これらの呼び方の違いは、清朝への帰属時期の違いから生じたものである。清朝では支配階層の満州人が、社会・軍事組織として八個の旗《き》に配属されていたが、太宗《たいそう》の時代（在位一六二六〜四三）に「モンゴル八旗《はっき》」が加わった。これがのちの「内蒙古」にあたる。このころ、モンゴル高原の遊牧民はまだハルハ・モンゴル▲の支配下にあり、一六九一年になって清朝皇帝に臣下の礼をとった。これが、「内蒙古」「外蒙古」の始まりである。一八八四年に刊行された祁《き》韻士《いんし》作の『皇朝藩部要略《こうちょうはんぶようりゃく》』▲がはじめて正式に、漠南《ばくなん》・漠北《ばくほく》をそれぞれ「内蒙古」「外蒙古」と名づけたのである。つまり、現在の「内蒙古」は早くから清朝に協力的であった。これに対して、「外蒙古」は、清朝政府がチベット仏教▲を利用してモンゴル支配を成しとげようとしてつくり出されたもので、古来より存在したわけではない。したがって、「外蒙古」「内蒙古」なる用語は、清朝

▼ハルハ・モンゴル　モンゴルの一部族。ハルハの名称はハルハ川に由来する。一四八七年、ダヤン・ハン（在位一四八〇〜一五一七）が即位すると、モンゴルを左右両翼六部に分け、左翼部の大半を占めたのがハルハ部である。現在のモンゴル国はかつてのハルハ系部族に占められていたため、現国民のほとんどがハルハ系の子孫である。

▼『皇朝藩部要略』　一八三九年に成立した。清代藩部の系譜および歴史を要約して書かれたもの。一八巻、付表四巻より成る。

▼チベット仏教　モンゴル王侯がチベット仏教（ラマ教）を信奉していたことから、清朝政府は乾隆帝《けんりゅうてい》の時代に、東モンゴルがジュンガル王国と結ぶのを警戒して、平和主義を掲げるチベット仏教を利用した。

の満州族優位の差別政策から生まれたもので、本書では採用しない。

現在のモンゴル国では、チンギス・ハンを建国の創始者として崇めているが、モンゴル高原の歴史はチンギス・ハンから始まったわけではない。モンゴル高原では、先史時代の遺跡が各所より発見され、古くからこの地域で人々が生活をいとなんでいたことが知られている。古代の中国人は、殷周《いんしゅう》の時代(前十八～前七世紀)から彼らの動静を記録している。例えば、もっとも古い記録「甲《こう》骨卜辞《こつぼくじ》」▲にも、その動静について語られており、黄河流域の人々にとって、モンゴルの動きは無視できない関心事であった。

モンゴルは騎馬遊牧民の国である。だが騎馬遊牧の風習は、この地域では古くからあったわけではない。最初にあらわれた騎馬遊牧民は、黒海北部に広がる草原地帯で生活していたキンメリア人▲であるといわれている。やがて、東方からスキタイ人▲が来襲してこの騎馬技術を発展させ、これがあたかも風が走るがごとくアルタイ山脈をこえてモンゴル高原にはいってきた。草原社会は生活様式がきわめて簡素であるため、文化の伝搬もなんの抵抗もなくおこなわれたのであろう。モンゴル高原では、前八世紀頃、騎馬遊牧の文明が花開いたので

▼甲骨卜辞　甲骨とは、「亀の甲」と「獣の骨」を焼いて、占いをする風習で、殷(前一八〇〇頃～前一〇四四年)の人々に広くおこなわれていた。占った事柄を原始的な象形文字であらわしていた。

▼キンメリア人　前九世紀頃、南ウクライナで勢力を誇っていたが、スキタイによって追い出される。このとき、王侯たちは土地を放棄することは恥辱であるとして、殺し合ったと伝えられている。

▼スキタイ人　前八～前一世紀に、黒海北岸の草原地帯に住み、とくに前六～前四世紀にはその地帯の支配者となった遊牧民。ヘロドトスやストラボンらによって紹介され、動物意匠を取り入れた美術工芸は、中央アジア、モンゴリアの遊牧諸民族に強烈な影響をおよぼした。前四世紀頃からサルマタイの圧力を受け衰退した。

ある。騎馬遊牧民は大草原で活躍したので、その文明は草原文明とも呼ばれている。草原文明の開花が、南の中華文明に大きな刺激を与えたことはいうまでもない。このように、南北の両文明は互いに刺激しながら成長を続けていったのである。そして、この二つの異なった文明が最初に出合い、やがて二〇〇〇年にわたってしのぎを削ることとなるのは、本書の主人公匈奴《きょうど》・冒頓単于《ぼくとつぜんう》の登場によってである。

①―匈奴と中国

北アジア諸族の始祖説話

北アジア騎馬遊牧民に興味をもつ人は、その対象がいつの時代であれ、かならず一度は匈奴《きょうど》に目を向ける。なぜなら、匈奴は北アジア騎馬遊牧民の原型であるからだ。匈奴がモンゴル高原において短期間で強力になった要因は、西方のスキタイ文明を他種族に先駆けて取り入れたことにある。

モンゴル高原を支配した騎馬遊牧民の多くは始祖説話をもっており、文献での紹介は神話・伝説から始まるのが通例である。しかし、匈奴には始祖説話が伝わっておらず、前四世紀頃、中国の文献にはじめてその名が記されたときにはすでに強大な政治勢力をもつ集団として描かれた。匈奴について詳しく著述したのは司馬遷《しばせん》▲の『史記』であるが、ここでも始祖説話が語られることはなかった。

では始祖説話とはどのようなものか、ここでその一部を紹介しよう。モンゴル高原の騎馬遊牧民の始祖説話は、口承によって伝えられたものがほとんどで、

▼**司馬遷**（前一三五？～前九三）　前漢武帝期の歴史家。太史令司馬談《しばだん》の子として生まれ、幼少のころより『左氏伝《さしでん》』などの古文につうじていた。前一一〇年、父の死後、遺言に従って修史編纂にかかる。前九九年に起きた李陵事件に連座して宮刑処分を受ける。彼は、その恥辱にめげず『史記』の編纂に情熱を傾けた。紀伝体という独特な形式は、以後中国正史（二十四史）の範となる。権威に屈しない客観的な視点を貫き、後世の人々より「歴史学の父」と呼ばれる。

▼『モンゴル秘史』　作者不明、成立年代は十三世紀中頃という説が有力だが、厳密な成立年次は諸説ある。全一二巻で、最初の一〇巻はモンゴル族の創成期から始まり、一二〇六年のチンギス・ハンの即位まで語る。『モンゴル秘史続集』二巻は、チンギス・ハン即位後から一二二九年のオゴタイ・ハン即位まで語る。空想を織りまぜた「歴史小説」的な意味合いもあるが、文学作品としての価値は高い。

もっとも有名な伝説は、チンギス・ハンが誕生したといわれる「蒼《あお》き狼《おおかみ》」の物語である。チンギス・ハンは「蒼き狼」の直接の子孫ではないが、現在のモンゴル人がもっとも大切にする文学書で、かつ史学書でもある『モンゴル秘史《ひし》』▲巻一「チンギス・カハンの源流」では、次のように語られている。

上天《あまつかみ》の定命によってこの世に生まれでた蒼い狼があった。その妻は白い牝鹿であった。大湖《おおうみ》を渡ってきた。オノン川の源のブルハン・ハルドンに住居して、生まれたバタチカンという名の子があった。

（村上正二訳注『モンゴル秘史一』）

祖先を狼とする始祖説話は、北アジアの騎馬遊牧民によくみられるが、とくにトルコ系の遊牧民に共通してみられる題材である。なかでも、突厥《とっけつ》(türk)の始祖説話は有名である。以下、『周書《しゅうじょ》』『隋書《ずいしょ》』それぞれの〈突厥伝〉からその一部を紹介しよう。

突厥はもと匈奴の別種で、姓は阿史那《アシナ》氏で別れて部族集団をなしていた。隣国との戦争に大敗して全滅した。ただ一人男の子がいたが、戦士たちは幼子を殺すに忍びなく、足を斬り草原のなかに捨てた。一頭の牝の狼がこの男の子に肉を与えて育てた。やがて、男の子は成長して牝の狼と交わり、狼は懐妊した。隣国の王は、男の子がまだ生きていることを聞き、ふたたび人を遣わして殺させた。派遣された者はそばに狼がいるのを見て殺そうとしたが、狼は逃げ出し、高昌国《こうしょう》の北の山に逃れた。(中略)山のなかの洞窟に潜んでやがて一〇人の男の子を生んだ。一〇人の子は成長して、そのうちアシナという子がもっとも賢く君長となった。アシナに率いられた一〇人の子らが、やがて突厥の一〇氏族の祖先となった。

これに対し同じトルコ系民族でも、ウイグル族はやや趣を異にする。トーゴラ川とセレンガ川の交流点に隣接しているところに二本の樹があった。その樹木の間に円丘があり、天光がその上に降り、それが日ごとに大きくなった。やがてそこに、天幕張りの五つの小屋があらわれ、おのおのの房室から子どもが出てきた。この五人はやがて人々より王子と同じように尊敬された。人々はこの五人のうちで美しさ、心、能力がもっとも優れていたボウソウ・テキンを可汗《かがん》に選び、大祭を催して王座につかせた。

ウイグルの始祖説話は、騎馬遊牧民の特徴である上天思想を基軸とはしているものの、獣祖神話のかたちをとらず、樹木を母体としているところに特色がある。これに対して、十世紀遼河《りょうが》一帯から内モンゴルにかけて遊牧狩猟をいとなんでいたモンゴル系契丹《きったん》族の始祖説話は、次のとおりである。

白馬に乗った神人がガローハ・ムレン川（遼河の上流）を下り、灰牛に引かせた車に乗って、シラ・ムレン川を下ってきた天女と夫婦となって八人の子を産んだ、やがてこの子らが成長して契丹八部族のもととなった。

二つの川が合流したところで愛が芽生えるという、ロマンチックな出会いを題材とするところがユニークである。

今一部を紹介したにすぎないが、始祖説話には部族の誇りと精神が示され、各部族の思想が反映されていておもしろい。

では、匈奴にはなぜ始祖説話が伝えられなかったのであろうか。『晋書《しんじょ》』▲〈北狄匈奴伝〉の記載によれば、匈奴とは一九の種族が連合した政治集団なのである。それゆえ、アイデンティティーを示す神話・伝説は、かかる政治集団にはそぐわなかったのかもしれない。

匈奴ではないがそれに連なるものとして、南シベリア・バイカル湖南畔で遊

▼**『晋書』**　晋代の正史。帝紀一〇巻、志二〇巻、列伝七〇巻、載紀三〇巻より成る全一三〇巻。唐太宗期の房玄齢《ぼうげんれい》らによる。

牧・狩猟の生活を送っていた高車丁零《こうしゃていれい》▲(令・霊)に始祖説話がある。『魏書《ぎしょ》』〈高車伝〉で次のように伝えられている。

匈奴単于《ぜんう》に二人の娘がいた。容姿がきわめて美しいので天に嫁がせるため高台に四年おいたが、ある日老いた狼が来て穴を掘って住みついた。姉は畜生をきらい立ち去ったが、妹は狼の妻となり、子を産み高車丁零という国を成した。

文字をもたない民族では、始祖説話は口承によって代々伝えられるため、それがときの政治状況によって変えられることもある。高車丁零族が匈奴単于に連なるものとされたのは、丁零族が自らの力を周辺部族に示すために匈奴の力を利用したからではなかろうか。この伝説はトルコ系諸族に広く伝わっている狼祖伝説と匈奴が重ね合わされている。

このほか、鮮卑《せんぴ》の英雄壇石槐《だんせきかい》▲の生誕説話にも匈奴の影響があらわれている。鮮卑の大人投鹿侯《たいじんとうろくこう》が匈奴との戦争から帰ってくると、妻が子を孕《はら》んでいた。怒り狂った投鹿侯が妻を問い詰めると、彼女は昼間外出して雷鳴を聞き、雹《ひょう》を飲み込んでみごもった子であると答えた。壇石槐の生誕を、匈奴との戦いにから

▼丁零　前三～後五世紀にバイカル湖周辺で遊牧していたトルコ系民族。丁霊、勅勒《ちょくろく》とも漢訳されるが、türk の音訳である。しばらく匈奴の支配下にあったが、二世紀に匈奴の支配からぬけだして鮮卑や蠕蠕《ぜんぜん》と対立していた。五世紀の初めに蠕蠕の支配下にはいったが、後半に独立してアルタイ山脈南麓で高車国を建てる。

▼壇石槐（生没年不明）　二世紀中頃の鮮卑族の君長。勇健知略に優れ部族の人々から大人に推《お》された。一五六年、匈奴を追い出してモンゴル高原の覇権を握る。鮮卑を三部に分けて統治し、後漢の北辺にたびたび侵入。本来鮮卑では大人は選挙で選ばれたが、彼以降大人は世襲制となった。

めているところがリアルである。

匈奴と「中華世界」

司馬遷は『史記』〈匈奴列伝〉の冒頭で、匈奴の出自について次のように述べている。

匈奴の始祖は、夏后《かこう》氏の後裔《こうえい》で名は淳維《じゅんい》といった。唐《とう》・虞《ぐ》より以前の時代にも、山戎《さんじゅう》▲・獫狁《けんいん》・葷粥《くんいく》などの種族がおり、北方の未開地に住んでいた。

同様の記事が、『史記索隠《しきさくいん》』▲にも「夏の傑王の子獯粥《くんいく》が北野に避居して、随畜移動するようになった」（楽彦『括地譜《かっちふ》』）と述べ、匈奴が夏后氏の後裔であると伝えられている。唐・虞とは堯《ぎょう》（陶唐《とうとう》氏）・舜《しゅん》（有虞《ゆうぐ》氏）の伝説時代▲のことで、春秋時代の末期には「堯舜賢人論」を理想とする考えが流布していた。匈奴の「夏后氏末裔説」はこの流れを汲んだもので、そののちの中国史書にも踏襲され、中国人の共通した考えとなっている。山戎・獫狁らは春秋時代に燕《えん》の北方で遊牧していた諸族で、その行動範囲は小規模で騎馬遊牧の匈奴とは明らかに異なる。

▼山戎　春秋時代以前より、河北省北部の山間の一種族で、『史記』〈匈奴列伝〉では匈奴と関連づけているが疑わしい。戦国時代に山西省の北側に進出して、趙や秦と争っている。

▼『史記索隠』　三〇巻、唐の司馬《しば》貞《てい》の作。司馬遷が五帝本紀を以て始めているのを不可として、三皇本紀をつけ加えた。顔師古《がんしこ》の『漢書注』と並び称されている。

▼堯・舜　ともに中国古代の聖王。黄帝の曾孫の家系といわれるがいずれも根拠はない。堯は帝位の継承者を群臣に問うたところ、堯の子丹朱をあげる者があったが、これを不詳の子として退け、天下の治水に成功した舜を用いて帝位を譲った。両者とも長く帝王の模範とされている。

このように伝えられた夏后氏末裔説は、決して匈奴にかぎるものではない。春秋時代に台頭した周辺の国々である楚《そ》や呉《ご》・越《えつ》・滇《てん》国にも同様に夏后氏末裔説が伝えられていた。これは、周辺諸勢力の拡大と隆盛にともなって、中原《ちゅうげん》国家(周・晋・宋《そう》など)が自らの尊厳を守るため、周辺国をこのようなかたちで表現したものである。要するに、中原国の自己存在の認識＝中華意識の高揚によって、その負の作用として、楚・呉・越・匈奴らの蛮夷《ばんい》の存在が必要となる。このことは、すでに、中国では匈奴の存在が無視できないものであったことを物語っている。匈奴が中国の脅威と映りはじめると、匈奴を賎奴として蔑《さげす》み、中原国家の優位性を歴史のうえであらわしたとしても不思議ではない。戦国時代、匈奴の「奴」は奴隷の「奴」であるという説が流布されたのも、これらの考えと相通じるものがある。

匈奴の故地

匈奴の原郷はどこか、出自が不明であるから当然この疑問もわきでてくる。黄河が南から流れて急に東に向きを変える地点があるが、その北側に広大な平

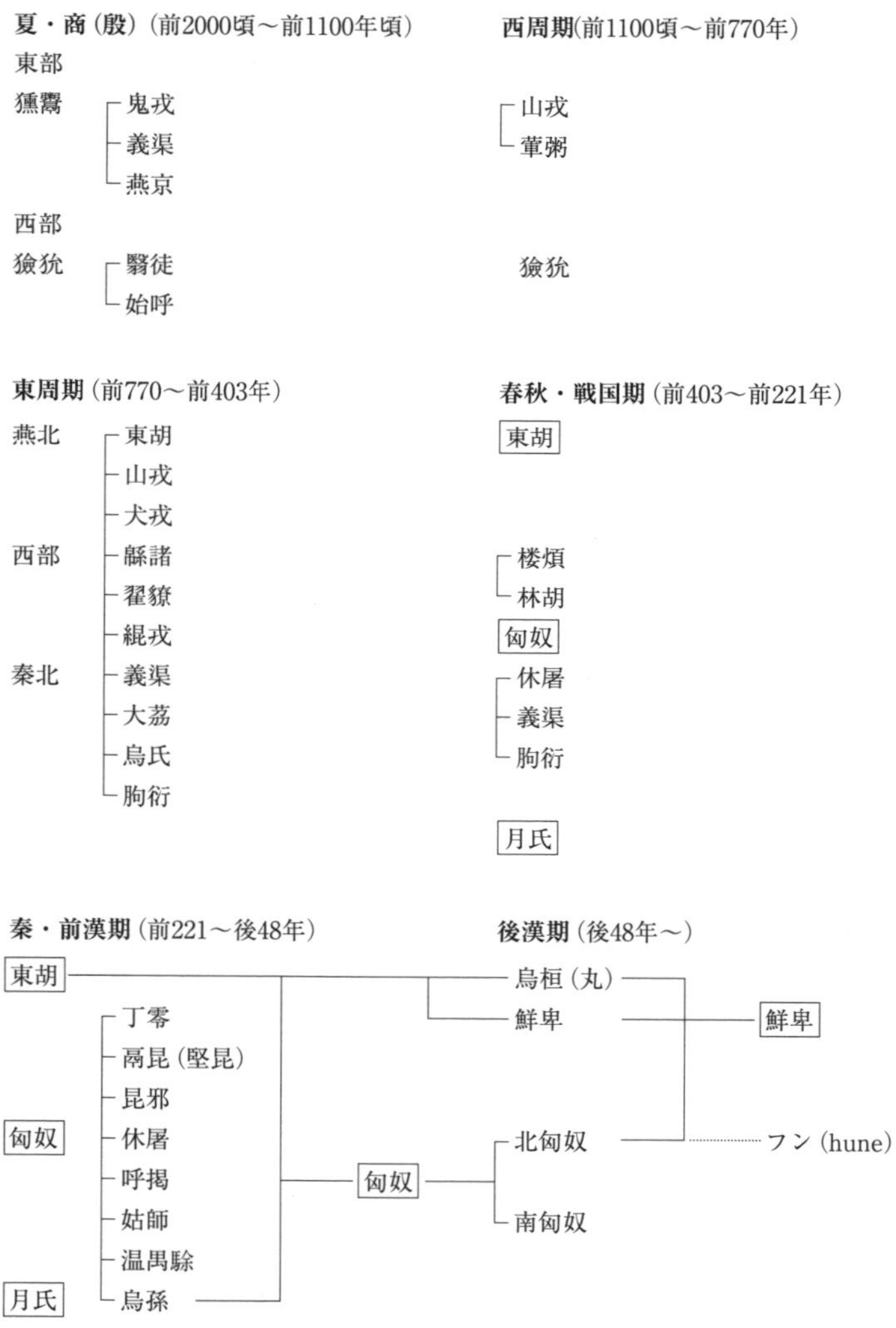

●北方諸族の変遷（『史記』『漢書』より）

原すなわちオルドス平原が横たわっている。オルドス平原は標高が一三〇〇メートルほどの高原地帯で、北の陰山《いんざん》山脈へと連なっている。古くから、人々はこの大平原を「匈奴の故地」であると伝えてきた。その由縁は、この地に匈奴時代より一つの嘆きの歌が伝えられているからである。

わが祁連山《きれんさん》をうしない、わが六畜をして蕃息せざらしむ。
わが焉支山《えんしさん》をうしない、わが嫁婦をして顔色なからしむ。
（楊海英『草原と馬とモンゴル人』）

この歌は匈奴が漢に祁連山を奪われ、家畜の繁殖地たる草原をも失い、そのうえ、焉支山も失った。焉支山は燕脂《えんじ》の原料である紅花を産出する山で、燕脂とは化粧品のことであり、匈奴の女性たちがそれが使えなくなったと悲しんだという歌である。

匈奴と漢が、祁連山脈より西域をかける河西回廊《かせいかいろう》をめぐって壮絶な戦いを演じたのは、武帝《ぶてい》▲の時代である。もともと月氏《げっし》▲の居地で、匈奴は冒頓《ぼくとつ》・老上《ろうじょう》の二代五〇年をかけて、この地を月氏より奪い取った。それゆえ、冒頓以前は決して匈奴の地ではなく、匈奴の故地と呼ぶにはふさわしくない。この地がオルド

▼武帝（在位前一四一～前八七）　景帝の第九皇子で一五歳の若さで第七代皇帝に即位する。即位の儀式で「余は生まれながらの皇帝である」と表明して、絶対君主の地位を確立する。儒教を国教として確立したことは、中国の政治思想に大きな役割をはたした。全国の郡を七州に分けて中央集権体制を確立する。均輸法・平準法の物価安定策をとり、儒教を国教とした。匈奴征討を決意して張騫《ちょうけん》を大月氏に送り西域への道を開き、朝鮮に進出して漢四郡を設置。また南方では東越国・夜郎《やろう》・滇《てん》などの西南夷も服属させた。

▼月氏　戦国時代末期から秦・漢時代にかけて、西域から中央アジアで活躍したイラン系民族。前一七六年に冒頓に征討され、支配下にあった烏孫《うそん》・楼蘭《ろうらん》などが匈奴に帰属して急速に衰退する。このころ、イリ方面に移動したと思われる。前一六〇年に老上単于に壊滅され、今日のアフガニスタン北部へと移動した。彼らは、その地を支配していたバクト

ス住民より「匈奴故地」と呼ばれたのは、この地をめぐる漢・匈奴両国の戦争が五〇年にもおよび、戦死者が六〇万人をこす史上まれにみるもので、その壮絶さが歌に込められているからであろう。

近年の考古学の成果によって、匈奴の実態は少しずつ明らかにされてはいるが、匈奴の本拠地はつねに移動しており、まだその真相をとらえるまでにはいたっていない。宋代初期に成立した『太平御覧《たいへいぎょらん》』▲に引かれている「三輔故事《さんほこじ》」を見ると、漢の高祖《こうそ》の命を受けた婁敬《ろうけい》が匈奴に使いをして冒頓単于に会ったとき、婁敬は「汝、もとは北海に処《お》れり」といったことが記されている。『太平御覧』は歴代の史書を収集合作したもので、その信憑性に疑問が残るものの、匈奴が北海の近辺に拠っていたというのは魅力ある説である。

漢人たちがいう「北海」とはバイカル湖のことで、バイカル湖周辺は北地に位置するが、意外に気候は温暖でかつ水は豊かである。匈奴時代、その南畔にトルコ系の丁零が遊牧し、匈奴とつねに争っていたことが『史記』や『漢書《かんじょ》』に記されている。さらに、武帝時代に使者蘇武《そぶ》▲が一九年も抑留されたことでも有名で、匈奴単于が重視していた北方の要地である。

リア王国を滅ぼして、この地で覇権を握り大月氏と称した。移動のさい一部は黄河上位域にとどまり、チベット系の羌《きょう》らと混合して小月氏といわれた。東方のスキタイ(サカ)を、大月氏とする説もある。

▼**『太平御覧』**　宋の初期に成立した李昉《りぼう》などによる奉勅撰。もとの名を『太平総覧』というが、宋の太宗が毎日三巻ずつ閲読したことから、現名に改められた。同時期には『太平広記《たいへいこうき》』『冊府元亀《さっぷげんき》』『文苑英華《ぶんえんえいが》』が編纂され、あわせて宋の四大書と称される。

▼**蘇武**(?～前六〇)　前一〇〇(天《てん》漢《かん》元)年に漢の武帝の命を受けて、匈奴且鞮侯《しょていこう》単于のもとへ使者として赴いたが、抑留され、解放されたのは一九年後であった。漢に忠節を貫いた官人として名高い。

一九二五年、ソ連の考古学者コズロフらによって発掘されたノイン・ウラ古墳群は、モンゴルの北方、今日のウランバートルとバイカル湖畔を結ぶ中間点に位置している。古墳群が発見されたセレンガ川流域は、「モンゴルの母なる大地」と呼ばれた歴代単于の思いが強い土地である。ノイン・ウラ古墳群が匈奴の王侯墓であることは、墓地より「建平《けんぺい》五年」の銘文が明記された漆耳杯《しつじはい》が出土したことから明らかで、この地が「匈奴故地」ではなかったかとも推定される。

これまで、冒頓の父、頭曼《とうまん》ならびにそれ以前の匈奴が、オルドス一帯を頻繁に侵攻していることより、匈奴の本拠地は陰山の北麓ではないかと推定されていたが、これは大いなる誤解ではなかろうか。近年の考古学調査によると、長城沿いに見られる匈奴の墓地群の大半は漢代のもので、それ以前のものはほとんど見られない。筆者の考えでは、冒頓以前の匈奴は、月氏や東胡《とうこ》▲、丁零などの周辺諸族に封じ込まれ、まだ矮小な勢力でしかなかった。匈奴がモンゴル草原の主人公となったのは、冒頓の代からにほかならず、冒頓こそが、先祖の地を回復する原動力となったのである。

▼**東胡**　春秋時代から漢初にモンゴルの東方にいたツングース系の部族連合体。部族的な統一はないが、南の漢人からは匈奴とは別種として区別されていた。冒頓によって壊滅させられるが、後漢のころより登場する鮮卑・烏桓《うがん》は前漢期東胡の末裔で、それぞれが鮮卑山・烏丸山に拠ったところより、その民族名が生じた。

●―ノイン・ウラ古墳群　モンゴル北部を流れるセレンゲ川の支流ハラ川流域にて発見された匈奴の古墳。一世紀頃、匈奴中興時代のものと推定される。二一二基あまりある墳墓のうち、一九二五年、ソ連の考古学者コズロフらによって匈奴の王侯の墓と思われるもの一二基が発掘された。

●―ノイン・ウラ古墳から発掘された漆耳杯(上・下)
「建平五年」の銘文が明記されている。

●―ノイン・ウラ古墳から発掘された絨毯の刺繍部分

春秋・戦国期の匈奴

匈奴の名で呼ばれる騎馬遊牧民が、はじめて中国史料にあらわれるのは前三一八年のことである。当時の中国は戦国時代で、有力七カ国（韓《かん》・魏・趙《ちょう》・斉《せい》・燕・楚・秦《しん》）が争っていた。やがて、陝西《せんせい》地方の一小国にすぎなかった秦が、孝公《こうこう》▲の時代に「商鞅《しょうおう》▲の変法《へんぽう》」を実行して、急速に国力を充実させ東方への進出をはかりだした。当時の秦は各国より「夷狄《いてき》」と遇され、会盟▲にすら出席を許されなかったほどである。

これに対抗して、東方の五カ国（韓・魏・趙・斉・燕）は、連合して秦に戦いを挑んだ（『史記』〈秦本紀〉）。このとき、五カ国連合軍は、秦の北方を牽制すべく匈奴にも参戦を要請した。もちろん、日頃よりオルドス地方への進出をはかっていた匈奴にとって、連合軍の要請は絶好の機会でもあった。だが、この戦いは五カ国のなかで亀裂が生じ、連合軍は函谷関《かんこくかん》で秦軍に大敗北を喫した。もちろん、匈奴も北へ敗走することとなった。

その後まもなくして、前三〇七年、趙の武霊王《ぶれいおう》▲が匈奴の騎馬戦士の戦闘服とその戦術に強い興味をもち、王は匈奴の「胡服騎射」を趙の軍隊に採用すべき

▼**孝公**（前三八一～前三三八）　戦国時代の秦の君主。当時、東国の韓・魏・趙・斉・燕・楚からは夷狄として遇されていた。このため、孝公は商鞅を用いて、変法をおこなわせ、古い貴族勢力を抑えた。とくに隣国の魏を討ち、秦を戦国七雄で最強国とした。

▼**商鞅**（?～前三三八）　姓は衛。秦の孝公に仕え、商に封じられたので商鞅（商君）と称した。大良造から列侯となったが、急激な変革をおこなったため、孝公の死後、貴族の反感を買い刑死させられた。

▼**会盟**　中国春秋時代、周王にかわって全国に号令をかけた覇者が諸侯を一堂に集めて盟約を結ぶことをいう。会盟の折に牛の耳からとった血を飲みくだして（「牛耳る」の語源）盟約を結んだ。

▼**武霊王**（在位前三二五～前二九九）　戦国時代、趙の王。その生年は不明。中山国を侵略し北方の国々との抗争

であることを説いた。このころの趙は、北に燕、東に胡（匈奴）、西に林胡《りんこ》・楼《ろう》煩《はん》▲・秦・魏、中央には中山国《ちゅうざんこく》をかかえて四方を敵に囲まれていた。武霊王は先王の襄子《じょうし》▲に倣って多くの諸改革を断行したが、最初に軍制改革をめざしたのである。当時の中国の戦いは戦車戦が主流であった。戦車戦とは、戦車に御者と弓を引く者、戈《ほこ》をもつ者三人が一組となって乗り、これらが歩兵軍団を指揮して戦うものである。戦車に騎乗する者は貴族であり、当時の戦いでは、戦車に乗りこんだ貴族を倒すことが勝利の証であるといわれていた。しかし武霊王が導入しようとした「胡服騎射」は、平民でも訓練さえ積めば強い戦闘力を発揮できるため、当時の貴族の立場を侵す危険があった。

司馬遷が、『史記』〈趙世家〉のなかで「胡服騎射」の導入について、武霊王が貴族たちと議論するようすを事細かに報じているのも、当時いかに貴族勢力の反対が強かったかをよく物語っている。いずれにせよ、匈奴の中国への侵攻が、中国社会に大きな変革を促したことは確かである。

そののちも、匈奴が頻繁に趙・燕・秦の北辺にあらわれたことが、『史記』に語られている。そのなかでも、趙の名将李牧《りぼく》▲の活躍が有名である。『史記』

を繰り返す。『史記』には「胡服騎射」採用にあたり、群臣と議論した王として有名。晩年、その子恵文王《けいぶんおう》が即位したのちは主父と号したが、貴族の反乱に遭い餓死する。

▼**楼煩**　中国山西省北部。戦国時代趙が支配していたが、その後、秦・漢の支配下にはいる。漢の衛青《えいせい》大将軍による匈奴討伐戦では、漢軍として参加している。

▼**襄子**（?～前四二五）　中国春秋時代の晋の政治家。姓は嬴《えい》、氏は趙という。前四〇三年に、中原の大国晋を韓・魏・趙の三国に分裂させ、趙を創建した創始者。

▼**李牧**（?～前二二九）　趙の北方長官。代国の雁門にて匈奴や東胡の防衛にあたる。長平の戦い（前二六〇年）で秦に敗れた趙は衰亡の道をたどっていたが、前二三三年李牧が大将軍につくや秦を退けて趙の危機を救う。司馬遷は『史記』〈李牧伝〉で「守備の名将」とたたえている。

〈李牧伝〉には趙の孝成王《こうせいおう》▲のときの逸話として、次のように語られている。

前二五九年、趙の孝成王のとき、趙の辺城将軍李牧は匈奴の掠奪侵入に対し、あえて城門を開けて戦おうとしなかった。これを見た匈奴は、李牧を臆病者とあなどり、趙の守備隊員までも、自分たちの大将は臆病者だと思っていた。このため、趙王は怒って、李牧を守備隊長からはずしてほかの者にあたらせた。だが、新将軍は匈奴が来襲するたびに、出撃しては大損害をこうむり、李牧のときより被害は甚大で、辺境の地では牧畜も不可能な状態となった。このため、趙王はふたたび李牧に辺境を守らせることにした。李牧は、匈奴が来襲しても相手にしないことを条件として、辺城将軍の任を受諾した。しばらくして、匈奴は少数で侵入してきた。李牧はわざと負け、数千人の捕虜を匈奴が連れ去るのを見のがした。単于はそれを聞き、今度は大挙してやってきた。李牧はさまざまな陣を構えて匈奴を翻弄した。そして、左右の翼を広げる陣を敷き匈奴軍を大敗せしめた。匈奴一〇万余騎を討ちとり、襜襤《せんらん》族を滅ぼし、東胡を撃破し、林胡族を降服させた。匈奴の単于は逃走して、そののち一〇年ばかり趙の辺城に近づこう

▼**孝成王**（在位前二六六～前二四五）在世中は秦とたびたび争い、前二六〇年の長平の戦いで敗北して、趙の勢力は弱まった。

●戦国時代の中国（前四世紀頃）

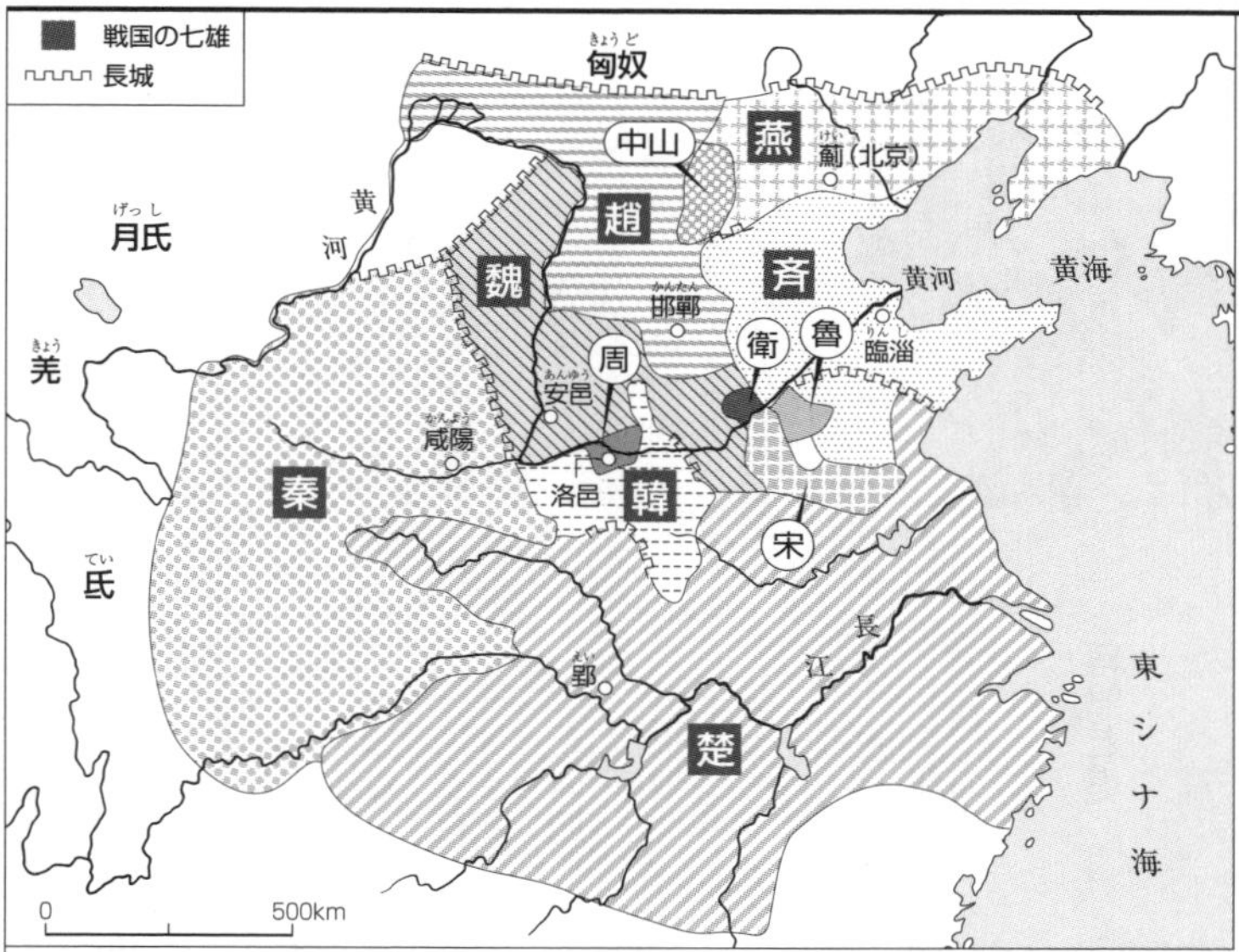

燕（?～前二二二年）　始祖は周《しゅう》召公奭《しょうこうせき》。渤海湾に面する遼東・遼西を領有。一時山東省を領有したこともあるが、秦に滅ぼされる。

中山国（前四一四～前二九六年）白狄の国。今日の河南省地区を領有、周定王の孫である武公によって建てられ、前二九六年趙によって滅ぼされる。

趙（前四五三～前二二八年）　前四五三年晋より独立。戦国七雄の一つ。山西省、河北省北部を支配。北寄りの国であるため、匈奴・東胡の侵攻に苦慮する。前二二八年秦に滅ぼされる。

魏（前四五三～前二二五年）　前四五三年晋より独立。初期のころは戦国時代最強の国であったが、領土が東西に延びているため、諸国と国境を接して争いが絶えず、前二二五年秦に滅ぼされる。

●金器に描かれた戦闘のようす（ノイン・ウラ出土）

ともしなかった。李牧は対匈奴戦ばかりでなく、隣国の秦や魏、燕ともたびたび戦って勝利した。

このころ匈奴はすでに一〇万騎をこす軍を動員するほど勢力を拡大していた。匈奴単于は周辺部族である山西の襜襤・遼東《りょうとう》の東胡・オルドスの林胡をも動員して、軍事指揮権を行使していたようだ。

このころの匈奴は、陰山山脈北麓一帯を中心に遊牧していた。陰山山脈は、黄河屈曲部北端を東西に走る一五〇〇～二〇〇〇メートル級の山脈である。この山脈は、南北でその様相を一変させる。すなわち、南麓は急峻な崖になっていて、それが麓の平野部に雨を降らせ、牧畜とともに粟などの農業も可能となる。一方、北側の斜面にはゴビ砂漠に連なる平原が広がっており、太古より騎馬遊牧民が活動していた。

匈奴と秦

前二二一年、秦王嬴政《えいせい》は中国全土を統一し、始皇帝《しこうてい》▲と称した。始皇帝は各地の巡幸をさかんにおこなったが、前二一五(始皇三二)年、朝鮮に近い遼西《りょうさい》郡の

▼**始皇帝**（前二五九～前二一〇）　前二二一年、中国で史上初の統一国家を建設。中央集権制を確立のため郡県制を施行。その他、度量衡の統一、文字の統一、法による統治をおこなう。焚書坑儒を実行して万里の長城、阿房宮建設で秦の力は衰退し、始皇帝の死後内部分裂によって秦は滅亡。

▼**蒙恬**(?～前二一〇)　秦の武将。オルドスにて匈奴を討ち、万里の長城を築き、四四におよぶ県城を築く。始皇帝没後、後継争いで長子扶蘇《ふそ》に与《くみ》するも、丞相李斯と宦官趙高《ちょうこう》にはかられ、自殺に追い込まれる。

碣石山《けっせきざん》に登った。彼がこの山に登ったのは、仙人が不死の妙薬を使うという噂を聞いたからである。このとき、燕人で盧生《ろせい》なる男がいて、不死の薬を使う仙人を知っているといって始皇帝に近づいた。この言葉を信じた始皇帝は、早速盧生に仙人の探索を命じた。だが、不老不死の妙薬などあろうはずがない。結局、盧生は不死の妙薬のかわりに鬼神のお告げと称する籤書《おみくじ》を残して、始皇帝のもとから逃げ去った。このとき、その籤書には「秦を滅ぼすものは胡なり」と書いてあった。「胡」とは匈奴のことである。

最高権力者の始皇帝には、この世で手にはいらないものはないという驕《おご》りがあった。同時に、ありえないことでも簡単に信ずるという迷信深さもあった。鬼神のお告げを信じるなどその典型である。そして、このたわいもないことがその後の歴史の歯車を動かすとは、皮肉なことである。

始皇帝は、蒙恬《もうてん》▲に一〇万の兵を与えて、匈奴討伐に向かわせた。『史記』〈秦本紀〉では、討伐軍三〇万と記録されている。蒙恬はオルドスの北側沿いに亭《てい》障《しょう》(要塞に設けられた関所)を築き、県城四四を設置して、中国各地から集めた流罪人を北方警備にあたらせた。『史記』に書かれた三〇万とは、強制的に移住させられた兵を含めた数であろう。同時に、蒙恬は兵糧・物資の輸送を迅速にするため、首都咸陽《かんよう》と河南《かなん》(黄河彎曲部の南)を結ぶ「直道」を建設した。「直道」とは今日の高速道路にあたる。この「直道」は、相当強力に踏み固められたようで、その遺構がオルドス地帯で発見されている。

蒙恬によって征服された地域は、高闕山《こうけつざん》、陶山などの寧夏《ねいか》・五原の北側で、今日の河北《かほく》・山西・陝西をこえて内蒙古自治区にまでおよんでいた。春秋・戦国期の中国古文献にも、中国北方に東胡・楼煩・赤狄《せきてき》▲・白狄《はくてき》・林胡・義渠《ぎきょ》▲・山戎などの諸民族が分布していたと記録されている。これらの民は燕・趙・秦の北部地帯では、騎馬遊牧化した者、または農耕に従事した者と分かれたようで、いずれも、中原の人々からは「戎狄《じゅうてき》」と呼ばれて差別化されていた。このように、モンゴルと中国の境界には、遊牧・農耕といずれにも純化できず、両大国のはざまにあって歴史の渦に巻き込まれていった人々も多数混住していたことを忘れてはならない。

ときの匈奴単于は頭曼《とうまん》であった。頭曼とは、トルコ語・モンゴル語の「Tümen」にあたるもので、匈奴語で「万人長」すなわち万騎を率いる長官と

▼**赤狄**　前十一世紀頃より、今日の南モンゴルから河北・山西の北部に分布。中原の技術をこの地に導入した立役者ともいわれ、時折、春秋期の大国晋を脅かしていた。

▼**義渠**　西周のころより、陝西省西部にかけて勢力を張っていた騎馬遊牧民。戦国時代に強大となり、西部開拓をめざす秦とつねに対立していた。前三世紀前半、秦の昭王によって滅ぼされる。

いう意味である。当時頭曼は、たびたびオルドス地方を侵略して、この地方の林胡や楼煩らから掠奪を重ねていたようである。陰山山脈の北麓はゴビ砂漠東部をこえてモンゴル高原へとなだらかな平原を形成し、西方にゴビ砂漠が広がっている。ゴビ砂漠は、ほかの砂漠と比べ緯度が高い位置にあるが、夏は気温が高く四〇度をこえることもめずらしくない。さらに、大陸性気候で一日の寒暖の差が激しい。ゴビ砂漠自体は砂礫状で西部は乾燥地帯だが、東部は若干の雨も降り随所に草が生え、小規模な遊牧を可能にする。とはいえ、匈奴の遊牧生活は決して豊かなものではなかった。そのため、彼らは秋口になると南のオルドス・雲中《うんちゅう》・代《だい》などへ侵入し、物資の補給に専念していたのである。

当時の北アジアの情勢について、「東には東胡が強く、西には月氏が盛んである」(『史記』〈匈奴列伝〉)とある。「東胡」の勢力圏は、燕北側の遼東・営州《えいしゅう》の地より、大興安嶺《だいこうあんれい》の東麓一帯におよび、おそらくモンゴル高原の一部にまでおよんでいたものと思われる。一方、西方では月氏が勢力を誇示していた。月氏の勢力は春秋・戦国期にかけて、祁連山脈からアルタイ山脈以西のジュンガリア地方にまでおよんでいた。そして、その東側では東胡と接し、陰山北麓の匈

万里の長城

奴を圧迫していた。こうしたなかで、匈奴は東胡の勢いに圧倒され、同時にトルコ系といわれる丁零にも北から押され、バイカル湖の以南からモンゴル高原をへて、徐々に陰山北麓へと移動したものと推定される。

万里の長城

司馬遷は、「山険《さんけん》を国境として渓谷を塹壕《ざんごう》とし、修繕すべきは修理して、臨《りん》洮《とう》より遼東にいたるまで万余里であった」(『史記』〈匈奴列伝〉)と記録して、「万里の長城」といわれるようになった。万里の長城の総延長はどれだけであるか、いまだにわかっていない。東の山海関《さんかいかん》から西の嘉峪関《かよくかん》までの直線距離は約二八〇〇キロだが、途中幾重にも構築されており、それらを総合すると約八八〇〇キロといわれ(二〇〇九年中華人民共和国国家文物局による発表)、この数字が実際に近いものと思われる。古代の一里は約四五〇メートルで、万里の長城とは適切な表現である。

万里の長城は中国文明を象徴するばかりでなく、人類最大の文化遺産である。中国を訪れた多くの人は万里の長城を訪ねる。それほど長城は中国でもっとも

▼**王昭君**　前三三年、匈奴呼韓邪単于に嫁ぐ。匈奴では「寧胡閼氏《ねいこあっし》」と呼ばれる。中国では四大美女の一人として、『琴操《きんそう》』『漢宮秋《かんきゅうしゅう》』などの戯曲に悲劇の女性として描かれ、日本でも謡曲『昭君』などでその名が知られている。図は王昭君が匈奴に嫁ぐようす。

有名な史跡である。山をこえ、峰を伝い、渓谷を下り、河川をまたぎ、遠くに見える地平線で天と地が結ばれる。ちなみに中国人は、長城と黄河を二つの龍にたとえている。

万里の長城を取り巻く物語のなかで、時代をこえて語り伝えられたものは孟《もう》姜女《きょじょ》伝説をおいてほかにない。孟姜女は、長城建設の人柱となった夫范喜良《はんきりょう》を思い、始皇帝を罵《ののし》り涙で長城を壊し、最後は海に飛び込んで自殺した女性である。中国では京劇の人気物語の一つで、いまだに人々に感動で涙をぬぐわせる。孟姜女伝説と同じように、人々の心のなかにしみ込んだものに、政治の道具にされて匈奴単于に嫁いだ王昭君《おうしょうくん》▲の物語がある。王昭君が嫁いだ相手とは、齢《よわい》七〇をこえる老単于呼韓邪《こかんや》で、彼女は匈奴の厳しい自然と人間模様に立ち向かった。長城をこえてゴビの砂漠を旅した女性の物語で、いずれも権力の横暴に泣かされた女性の悲劇が時代をこえて、語り継がれたものであった。

なぜ万里の長城がつくられたのか。一般に、北方遊牧民の侵入を防ぐためだといわれている。秦の長城は、旧北方三国(燕・趙・秦)の長城を結んだもので、晋の崔豹《さいひょう》の『古今注《ここんちゅう》』によると、土邑が紫色であったために、紫塞といわれ高

▼**李斯**（?～前二一〇）　秦の丞相。始皇帝が中国統一したとき、郡県制度を建言して用いられ、文字・度量衡統一につくした。始皇帝死後、宦官趙高とはかり、末子の胡亥を二世皇帝に擁立したが、趙高に裏切られ腰斬の刑に処せられた。

さは四～五メートルで、匈奴の騎馬隊をはばむ程度であった。そして、長城の位置も現在の明代の長城よりさらに北につくられたものである。現在、われわれが目にする万里の長城の多くは、明代嘉靖《かせい》帝から万暦《ばんれき》帝の約一〇〇年ばかりの時代に造営されたが、長城には二〇〇〇年以上の長い歴史がある。そして、時代によって役割もさまざまであった。

『史記』〈蒙恬列伝〉の冒頭に、「北では匈奴を追い払い、黄河をもって塞年、山々を四方の固めとして、楡中の地を開いた」とあるが、これは、秦の北の領土の限界を示したものである。

当初、始皇帝は蒙恬に匈奴征伐を命じた。このとき、丞相の李斯《りし》▲が「彼らは放浪のまま生きていて、一カ所に定住しておりません。今彼らの土地を奪ったとてなんの利益がありましょうか」といって、匈奴遠征をとめたいきさつがある。始皇帝はすべて事を専断する人物であったが、李斯の進言だけは聞き入れ、蒙恬の匈奴遠征をとりやめ、長城造営につかせたといわれている。

さきの李斯の言葉にあるように、始皇帝の力がおよぶ天下とは農耕世界までで、遊牧世界にはおよばなかったのである。単に、騎馬遊牧民の侵攻を防ぐことを第一義とするならば、あえて山岳地帯に長城を築くことはない。万里の長城を見学された方はすでに感じられたと思うが、その八割以上は山岳地帯にある。それも標高二〇〇〇メートルをこす山並みにも造営されている。騎馬民族がこれらの山々をこえて中国に侵攻するはずがなく、その侵入経路はかぎられている。国の防衛を優先するなら、騎馬民族が侵入すると思われるところを集中的に構築すれば事足りるのである。

　万里の長城は、歴代の中国王朝によって造営され続けたわけではない。例えば唐の王朝では、長城の造営・修築どころか破壊すらおこなわれている。これは唐に、漢民族にかぎらずすべての民族・文化を受け入れるという、王朝の理念が存在していたからである。一方、五世紀から六世紀前半まで華北を支配した鮮卑族の北魏《ほくぎ》▲は、北方民族でありながらモンゴル高原の柔然《じゅうぜん》に対して厳しい防衛線を敷き、長城修築に多くのエネルギーを注いでいる。これは北魏が「華夷同一」を国家の理念として、積極的に鮮卑族の漢化をはかったためである。

　万里の長城が一つの長い壁のように構築されているのは、中華世界そのものの限界を示したものでなかろうか。長城が単に中国の政治勢力の限界点である

▼**北魏**（三八六～五二八年）　華北に建国された鮮卑拓跋《たくばつ》部の王朝。三九八年拓跋珪が道武帝を称し、都を平城において国号を魏とする。三国時代の魏と区別するため北魏という。歴代の皇帝は「華夷同一」の政策を実行して、鮮卑族の漢化政策を推進。仏教政策を導入して、龍門《りゅうもん》・雲岡《うんこう》・敦煌《とんこう》の三大石窟はその大部分が北魏政権のときに建造されている。

ばかりでなく、中国文明の広がりを阻止する地点ともなった。要するに、中華の天下とは農耕社会のみにおよぶものであって、モンゴル騎馬遊牧社会は「中華世界」の圏外にあった。その「中華の限界」を史上で最初に示したのが匈奴であった。

②―冒頓の雄飛

冒頓のクーデタ

匈奴の頭曼単于《とうまんぜんう》に太子がいた。名は冒頓《ぼくとつ》という。なかには「墨毒」とか「墨突」という文字をあてる漢籍もあるが、これは冒頓に悪いイメージを与えようとする作為のあらわれで、正しくは冒頓である。冒頓がいつ誕生したか不明である。遊牧民は自らの記録を残す習慣がなかったからである。

頭曼には愛惜する閼氏《あっし》(単于の后)がいて、男子が生まれた。頭曼は、その子に単于を継がせて冒頓を廃嫡しようと考えた。だが単于といえども、簡単に太子を廃嫡することはできない。そこで、頭曼は一計を案じた。そのころ、匈奴の西に隣接するイラン系の月氏が勢力を誇っており、匈奴との間に争いが絶えなかった。頭曼は、月氏と和平条約を結びその証《あかし》に冒頓を人質として送り込もうと考えた。太子を人質にとれば、月氏も安心するだろう。そのうえで月氏を攻撃すれば、月氏はかならず人質の冒頓を殺すだろうと頭曼は思った。冒頓が月氏に人質として送られるやいなや、頭曼は月氏を攻撃した。だがこの策略は成功しなかった。冒頓は月氏の善馬を盗んで、匈奴に逃げ帰ったのである。

頭曼の思惑とは逆に匈奴の人々は冒頓の勇気に対し、彼を「バガツール(bagatür)」(英雄)として歓迎した。おそらく、冒頓という名はこのころより使われるようになったのであろう。頭曼は、匈奴の民の声を無視することはできず、やがて冒頓に万騎を与えた。これがのちに、頭曼自身の首を締めることとなるとは、彼はゆめゆめ思わなかった。

万騎を率いる大将となった冒頓は、部下たちを鏑矢《かぶらや》でもって訓練した。鏑矢とは鏃《やじり》の近くに装着し、矢を放つと「ヒューヒュー」と大きな音を出す。合戦のときに、味方への合図となる効果があり、騎馬遊牧民では、軍団を統率する道具として鏑矢が使われていた。冒頓は部下たちに、「余の射る方向に、鏑矢を射ない者がいたら斬る」と言明して、部下たちを徹底的に訓練した。まず鳥や獣の狩りで兵たちを訓練した。騎馬遊牧民にとって、狩猟は遊牧と同等に重要であった。なぜなら狩猟は食肉をえる以上に、軍事教練としての意味をもっていたからである。

それからしばらくして、冒頓は自らの善馬に鏑矢を射た。騎馬遊牧民にとっ

鏑矢で善馬を射る冒頓単于

て善馬は宝である。部下たちのなかには躊躇する者がでた。冒頓は、それらの者をたちどころに斬り捨てた。次に、閼氏の一人を鏑矢で射た。今度も、部下のなかに射ない者がでた。同様に、これらの部下をも斬り捨てた。次に冒頓は、父親（頭曼）が所有する善馬を鏑矢で射た。すると今度は、部下たちは冒頓に倣って、いっせいに単于の善馬に矢を放った。これを見た冒頓は、配下の者たちは今や信頼できると確信した。ある日、冒頓は父の頭曼に随行して、狩猟にでかけた。冒頓にとって父を倒す絶好の機会であった。冒頓は頃合いをみて、頭曼を鏑矢で射抜いた。すると、周りの部下たちもみないっせいに矢を放ち、頭曼を射殺した。こうして、冒頓によるクーデタは成功した。彼はときをおくことなく、継母や弟たち、そして自分に従わない大臣（部族長）たちをことごとく処刑して、自ら立って単于となった。前二〇九年、中国では秦《しん》の始皇帝《しこうてい》が没した翌年のことである。

前三世紀後半の北アジア情勢

冒頓が単于に登位したころの北アジアの状況を眺めてみると、東方は、大興《だいこう》安嶺《あんれい》山脈の麓から遼河《りょうが》流域一帯、今日の北京市から遼東《りょうとう》省、吉林省には牧畜狩猟を生業としていた東胡《とうこ》の一群が住んでいて、彼らは、たびたび燕《えん》や趙《ちょう》の北辺に勢力を伸ばしていた。近年、河北《かほく》省北部より発掘された東胡の墳墓を見ると、その文化状況からして、匈奴とは別種であったことが明らかとなっている。東胡の領域は、広範囲にわたっていた。そのため、種族間のまとまりに欠け、とりわけ、中国寄りの遼北《りょうほく》地帯に住居していた集団と、その北に住む人たちでは相当文化的な差異があった。

一方西方では、祁連《きれん》山脈の北端から河西《かせい》・甘粛《かんしゅく》北部、ジュンガル盆地・アルタイ山脈にいたる広範囲な地域に、イラン系とみられる月氏が勢力を誇示していた。月氏は、そのころの北アジア世界でもっとも強盛を誇っていた騎馬遊牧民で、戦国時代には「禺氏《ぐし》の玉▲をもたらす人」と呼ばれていた。玉は硬玉・軟玉ともに、古代では祭祀、装飾に貴重とされ、月氏はその交易ルートをほぼ独占していたようである。ただ、産出地と交易人が混同して伝えられたようで、禺氏と月氏は別人で、禺氏とはトルキスタンのホータンという説もある。

北方では、バイカル湖南畔からセレンゲ川流域および南シベリア一帯に、ト

▼禺氏の玉　古くは禺氏とは月氏のことといわれてきたが、西域全体を指す。前漢武帝の時代、張騫《ちょうけん》よりえた西域事情により大量のホータン産の玉が漢に流入、美術工芸品としての玉器が生産されるようになった。

▼堅昆　イエニセイ川上流域に住むトルコ系民族。先史時代は鬲昆《れきこん》と記され、のちに結骨、契骨と記された。彼らが残したイエニセイ碑文が多数発見されている。十六世紀後半になるとフェルガナ、天山西部へと移住。

ルコ系の遊牧狩猟民の丁零《ていれい》が分布していた。彼らは、時折南のモンゴル高原への進出をはかり、匈奴との間に争いが絶えなかった。またそれよりやや西の、イエニセイ川上流域には堅昆《けんこん》▲・呼掲《こけい》、アルタイ山麓よりイリ川周辺一帯にはイラン系と思われる遊牧民烏孫《うそん》▲が居住していた。これらの勢力は決して大きくはなかったが、それぞれ固有の文化を維持して遊牧・狩猟の生活を送っていた。一方南に下ると、黄河彎曲部南岸のオルドス地区には白羊《はくよう》▲・楼煩《ろうはん》がいて半農半牧の生活をおこない、青海《せいかい》、隴西《ろうせい》には羌《きょう》▲・氐《てい》▲のチベット系民族が分布していた。

これらの諸族のなかで、匈奴と同様騎馬遊牧の生活をしていた人々は月氏、烏孫ぐらいで、とりわけ、月氏は早くから西方の文化を取り入れて強大であった。一方、今日の遼寧《りょうねい》省から吉林省一帯に住んでいた東胡は、匈奴のように優れた騎乗具をもたず、大規模な遊牧活動をしていたわけではなかった。牧畜は狩猟活動の補助程度であって、それほどさかんではなかった。匈奴は、これらの勢力に囲まれるようにして、陰山《いんざん》山脈の北側よりモンゴル高原およびゴビ砂漠の東辺で遊牧生活をしていたのである。前三世紀中頃では、匈奴はまだモンゴル高原全域を完全に制覇しておらず、西方は月氏に掌握され、東方の一部で

▼烏孫　『漢書』〈西域伝〉に「青い眼に赤い髭の民」と書かれ、アーリア系と思われる。天山山脈の北麓からイリ盆地で遊牧していた。漢は大月氏との同盟が叶わぬと烏孫に公主を送り匈奴を牽制するも、烏孫は中立的立場をとる。

▼白羊　河南《かなん》地区に住む半農半牧の種族で、戦国時代では趙の支配下にあったが、冒頓の進出によってその支配下にはいる。

▼羌　殷・周のころより中国人に知られるチベット系の遊牧民族。五胡十六国時代に後秦を建国するも東晋の劉裕《りゅうゆう》に滅ぼされる。

▼氐　前三世紀頃より青海地帯で遊牧していたチベット系民族。五胡十六国時代、前秦苻堅《ふけん》のとき、一時華北を征するも東晋に敗れて滅亡する。

東胡としのぎを削っていたようだ。とすれば、匈奴が当面ターゲットとする相手は、まとまりのない東胡であることは当然予測することができよう。

冒頓の東胡征討

前二〇九年の冒頓によるクーデタは、周辺諸種族に電撃のごとく伝わった。彼らが匈奴の大乱に乗じて、匈奴を征服しようと考えたのは当然の成り行きであった。とりわけ、隣国の東胡がこの政変を見のがすわけがなかった。『史記』〈匈奴列伝〉は、この経緯について以下のように詳しく伝えている。

冒頓が(単于の)位につくと、その当時、東胡の勢力が強大で、(東胡王は)冒頓が父を殺害して単于の地位を簒奪したと聞いて、早速匈奴に使者を送り、頭曼が所有していた千里馬をほしいと冒頓に申し入れた。冒頓が臣下に相談すると、臣下の多くは「千里馬は匈奴の宝馬です。与えるべきではありません」と答えた。すると、冒頓は、「どうして隣り合わせとなっている国と、一頭の馬を惜しむのか」といって、千里馬を与えた。

それからしばらくすると、東胡王は冒頓が彼らを怖がっていると思って、

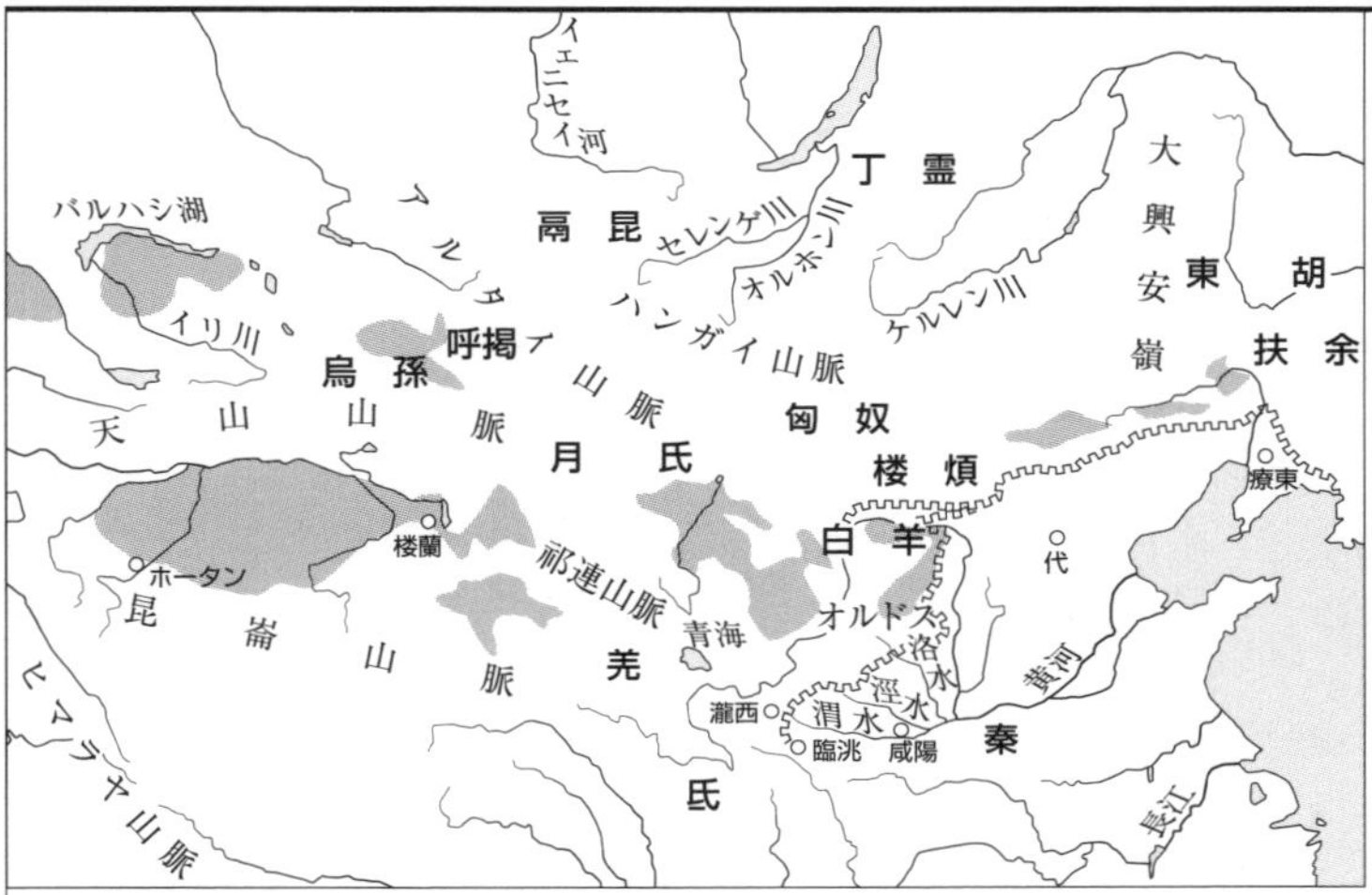

●—前三世紀頃の北アジア遊牧諸民族の分布

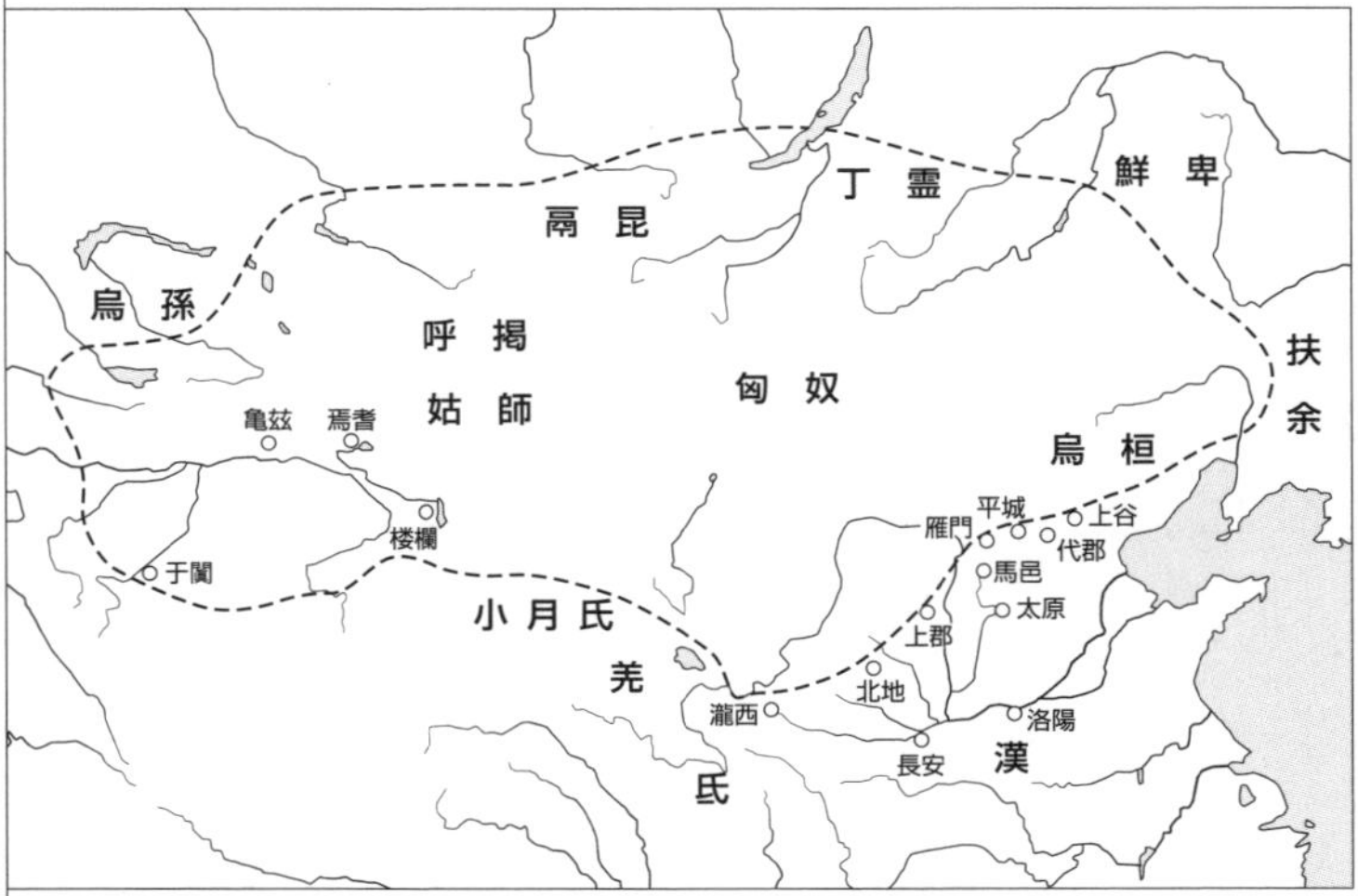

●—前二世紀頃の匈奴の最大領域

使者を匈奴に送り、閼氏の一人をもらいたいといってきた。冒頓は、また臣下の者に相談した。側近の者たちはおおいに怒り、「東胡は無法です。閼氏をよこせとは。やつらを攻撃させてください」といった。すると、冒頓は「隣り合わせにいて、どうして女一人ぐらいを惜しむのか」といって、可愛がっていた閼氏の一人を東胡王に与えた。

東胡王はますますおごりたかぶり、匈奴の東辺に侵入してきた。そこには、東胡と匈奴の間に千余里ほど、人が住んでいない土地があり、両国はそれぞれの両側に住んで、欧脱地《おうだつち》と呼んでいた。東胡王は匈奴に使者を送り、「わが国と国境を接する欧脱地へ匈奴がはいらないように、わがほうでその土地を領有したいと思う」といって、その欧脱地を要求してきた。今度もまた、冒頓は左右の臣下たちに相談した。臣下のなかには、「それは棄て地です。与えてもよろしいし、与えなくてもよろしいと存じます」という者があった。ここで、冒頓はおおいに怒って「土地は国の基本である。どうしてそれをやれようか」といって、土地を与えてもよいといった者をすべて斬り捨てた。

冒頓は馬に乗り、国中に号令をくだした。「後《おく》れる者があれば、斬る」。かくて東に向かい、東胡を襲撃した。一方、東胡は最初から冒頓の力を軽視していたので、たいした防備もしていなかった。東胡はさんざんに打ち負かされ、東胡王は殺され人民の多くは奴隷として拉致された。

以上が、冒頓による東胡征討の経緯である。遊牧戦争に敗れた者は、隷従するか離散するしかない。東胡の人々は離散したようで、彼らは烏桓山、鮮卑山に逃散し再起をはかった。後漢時代、遼北方面に烏桓、その北に鮮卑があらわれたがいずれも東胡の後裔《こうえい》である。

匈奴の東胡支配の主要な目的は、東胡の民が日頃より狩猟などでえた狐・貂《てん》・大虫(虎)・熊などの皮類を調達することにあった。「皮布税」と呼ばれ、防寒用や戦闘服をはじめとして匈奴の衣類を大きく支えていた。なかでも黒貂の皮は高価で、西域諸国にも転売され、それがはるかヨーロッパ諸国の貴族層に珍重されたといわれている。

ところで冒頓の東胡遠征は、ドラマチックで脚色化された点がみられるが、当時の遊牧社会の様相や文化面を描写していて興味深い。今、この物語のなかに示されたいくつかの点について整理してみよう。

第一に、騎馬遊牧民の馬への思いが記されている。モンゴル高原では五畜（馬・牛・ヒツジ・ヤギ・ラクダ）がおもに飼育されるが、なかでも馬はもっとも重要な家畜である。内陸アジアの騎馬遊牧民では馬を騎乗以外に使わない文化が定着していて、牽引・駄載・食肉用などに使われる場合もあるが、ほとんど例外的である。つまり、内陸アジアでは馬は人の友であり、戦場では大切な戦友なのである。そのうえ、おのおのの集団が離れた距離に散在して生活している状態では、馬の俊敏さは情報伝達や小用をなすのにきわめて有効である。とりわけ、それが善馬であるならいっそうその思いが強くなる。彼らにとって、馬は家族と同等に重要なのであった。

第二に、閼氏の存在である。閼氏とは単于の后のことである。のちに詳しく述べるが、騎馬遊牧社会は軍事優先の男性優位社会には違いないが、女性の役割を無視していたわけではない。とりわけ、単于の后となれば政治的にも大きな影響をおよぼすことに変わりない。匈奴の婚姻形態は「氏族婚」であるから、氏族関係にも影響をおよぼすことは必定である。

第三は、冒頓が発した「土地は国家の基本である」という言葉である。一般的に、騎馬遊牧民は農耕民に比べて、土地への執着がきわめて薄い。土地は天からの授かりもので、個人が所有するものではないという考えがある。土地に縛られない遊牧民、すなわち「ノマディズム」という名のイデオロギーが形成されていったのである。

それでは、なぜ欧脱地なるものを設けたのであろうか。欧脱地とは、領土が重なり合う騎馬遊牧民が、無用な争いを避けるため、おのおのが守備兵を配置した一種の緩衝地帯で、『史記』『漢書《かんじょ》』などの古注には、土室《ドシツ》・土穴《ドケツ》という表現で記されている。騎馬遊牧民が欧脱地を設けたのは、水源をもつ牧草地を恒常的に確保するためであり、移動生活を業とする遊牧民には、欠かすことのできない土地であった。

このように、冒頓が国家における土地領有の重要性を説いたのも、牧草地を確保しなければいけないという、部族長の意識を代表したものである。言い換えれば、冒頓自身が国の主体者であることを明言したものである。

③—白登山の戦い

中国北方の動揺

前二〇二(高祖《こうそ》五)年、中国では沛《はい》の農民出身の劉邦《りゅうほう》▲が楚《そ》の武将項羽《こうう》▲を垓下《がいか》の戦い▲で倒し、四年にわたって続いた漢楚戦争は終わった。翌前二〇一年、劉邦は諸王の推挙によって皇帝の座についた。漢の高祖の誕生である。

秦《しん》の始皇帝《しこうてい》は中国古来の邑落制度を無視して、全国を三六郡に分け皇帝任命の官吏を派遣して、郡県制▲を施行し君主独裁体制を敷いたが、そのことが逆に秦を短命に終わらせた。そのため、高祖は漢建国に功労のあった武将を各地に藩屏《はんぺい》として任命し郡国制▲を施行した。

中国東北部は戦国時代、燕《えん》・趙《ちょう》の支配下にあったが、漢民族と異民族が混在する地域で、中原《ちゅうげん》文化が十分に浸透していなかった。燕王臧荼《ぞうと》▲が反乱を起こしたのは、まさにそのようなときだった。臧荼は項羽より燕王に登用され、遼東《りょうとう》も支配する実力者であった。彼は最初から項羽軍の一翼として働いていたため、劉邦が高祖となって漢王朝を開いたことに不満をもっていた。結局、臧荼の反

▼劉邦(前二四七〜前一九五)　漢王朝の創始者で沛の人。自由農民層で、青年時代下級官僚の亭長に就任。項羽との漢楚戦争に勝利し、前二〇二(高祖五)年漢王朝を開き初代皇帝高祖となる。遊侠集団といわれる各地の人材を集め、項羽と対抗する。挙兵以来の功臣を封建王として各地に派遣したが、のちに粛清して劉氏による支配を築き、漢四〇〇年の基礎をつくる。

▼項羽(前二三二〜前二〇二)　楚将に封じられて項姓をえる。叔父の項《こう》梁《りょう》軍のもとで働き頭角をあらわす。項梁の死後、軍を率いて楚の懐王を義帝として立てて秦を滅ぼし、一時天下をとるも、前二〇二年劉邦に敗れて戦死。

▼垓下の戦い　前二〇二年、項羽の楚軍と劉邦の漢軍が、垓下(安徽省固鎮県)にて戦われた。この戦いで項羽が戦死することによって、漢楚戦争は終結し、劉邦の天下統一はなった。

乱は鎮圧されたが、臧荼の子臧衍《ぞうえん》はのちに匈奴に亡命している。

このように、燕・遼東地区は漢王朝の支配がきわめて不安定な地帯であった。それゆえ、この不安定な地を、高祖は竹馬の友であった盧綰《ろわん》▲に託すことにした（盧綰ものちに漢を離れたが……）。こうした政権不安は代《だい》の地馬邑《ばゆう》（山西《さんせい》省朔《さく》県）も同様であった。高祖が、北方防衛の要衝である馬邑の守備を委ねたのは韓王《かんおう》信《しん》であった。韓王信はその名のとおり韓王室の出である。本来、彼は中原の地を望んでいた。それゆえ、辺境の地馬邑の代官ではおおいに不満であった。

前二〇一年九月、突如、匈奴の大軍が雲霞のごとく馬邑城に押し寄せてきた。モンゴル高原を手中におさめ、勢いに乗る冒頓《ぼくとつ》の軍であった。かつて匈奴軍と戦いその恐ろしさを肌で感じていた韓王信は、匈奴と正面から戦うことが無謀であることを知っていた。韓王信は、高祖の匈奴討伐命令に背いて、匈奴との和平の道を選んだ。だがこの行為が、高祖の疑心を生み、彼のもとに高祖より問責使がやってきた。韓王信は問責使の追及を受け、漢王朝に自分の居場所がないことを悟り、副将の王黄《おうこう》らとともに匈奴に下ることを決意した。

▼郡県制　中国全土を三六郡（のちに四六郡にふえる）に分け、各郡に守（行政）、尉《じょう》（軍事）、監（監察）の三長官を、各県に行政官の令と武官の尉をおいて統治させた。

▼郡国制　劉氏の一族ではない「異姓諸侯王」を王とする方針は、次の恵帝のときに改められる。それは、高祖劉邦が遺言で「王は劉氏にかぎる」としたからである。

▼臧荼（?～前二〇二）　燕の武将。項羽より燕王に任命される。のちに、韓広の遼東を併合して、東北では一大勢力になる。劉邦が天下を統一すると反乱を起こすも鎮圧される。

▼盧綰（前二四七～前一九四）　高祖劉邦とは竹馬の友で、二人は親友付き合いをする。前二〇二年、燕で臧荼が反乱を起こして敗死すると、後任の燕王に封建された。前一九五年「陛下の第一の親友」から「謀反人」とされ、高祖が病死して恵帝が

二代皇帝に即位すると、匈奴に亡命した。のちに、冒頓より「東胡盧王」の称号を受けた。

白登山の戦い

前二〇一（高祖六）年、燕王臧荼の反乱に続いて馬邑の韓王信が匈奴に投降したことは、中国北辺の情勢を一変させた。かねてより中国攻略を考えていた冒頓が、この好機を逃すはずがなかった。新たに加わった韓王信および燕地方の投降兵も含めて、冒頓は兵四〇万を組織して平城《へいじょう》（山西省大同《だいどう》の東）に南下してきた。匈奴冒頓軍の南下に対し、漢の高祖は歩兵を中心とした三二万の軍で迎え撃った。

冒頓は弱兵（老兵などをいう）を敵の前面に出し、敗走するふりをして高祖を白登山《はくとさん》におびき寄せ、七日間にわたって高祖を包囲した。漢の主力部隊は到着せず、完全な匈奴側の作戦勝ちである。それゆえこの事件は漢の人々に、「平城の恥」とも呼ばれた。ときに、前二〇〇年冬のことである。

高祖が白登山で匈奴から受けた屈辱について、司馬遷は、『史記』〈高祖本紀〉〈陳丞相《ちんじょうしょう》世家〉〈韓王信盧綰列伝〉〈匈奴列伝〉など各処で述べている。今、それらの記述をまとめてみると次のとおりである。

高祖の軍団三二万は、一路決戦の地たる平城に向かったが、あいにくの寒

▼**陳平**（?〜前一七八）　前漢初期の宰相。劉邦の臣下の多くは晩年粛清されているが、彼は、高祖・恵帝・文帝の三代に仕えて栄名を以て生涯を終えている。司馬遷は智謀として評価している。

波に見舞われ、兵士の多くは餓えと凍傷に苦しみ、倒れる者は二、三割にものぼった。そのうえ、部隊は大きく伸びて高祖の陣は孤立し、白登山で七日間にわたって匈奴に包囲される羽目に陥った。もちろん、これは冒頓の巧妙な戦略の結果である。絶体絶命の窮地に追い込まれた高祖は、側近の陳平《ちんぺい》▲の進言を受けて、単于《ぜんう》の閼氏《あっし》に手厚い贈物をした。このとき、陳平は使者にある秘策を託した。その秘策とは、閼氏の嫉妬心をゆさぶるものであった。使者は閼氏の天幕を訪ね、「漢には多くの美女がおります。今、あなたの旦那様（冒頓）が漢を征服して漢地にいたれば、旦那様はきっと漢の美女を愛し、貴女は廃されることでしょう」といって、画工に描かせた漢の美女の絵を閼氏に見せた。使者の話を聞いた閼氏は、単于の寵愛が失われるのを恐れて、「両国の君主がお互いを苦しめ合うのはいかがなものでしょうか。今、漢の土地をえたとしても、あなたが漢の土地に住むことはできません。そのうえ、漢の君主にも神の援《たす》けがありましょう。そのことをよくお考えになってください」といって、冒頓に兵を退《ひ》くよう進言した。閼氏の話を聞いた冒頓は、約束をしていた韓王信の副将王黄・趙利の両軍が到着しないことをあやしみ、彼らが漢と通謀しているのではないかと思い、兵の一角を退かせたのである。これを見た高祖は兵卒全員に命じ、矢をつがえ弓を強く引き絞り敵に向けさせた。このようにして、匈奴の包囲の一角から脱出することに成功した。やがて、遅れて到着した味方の部隊と合流し、都長安へとひたすら逃げ帰った。

同様の記事が、『史記』〈陳丞相世家〉にも

高祖は陳平の奇計を用いて、単于の閼氏に使いをやり、そのため囲みが開かれ、高祖は脱出した。その奇計は秘密にされ、世に伝聞する者はなかった。

と記述されていて、その奇計が恥ずべきものであるとして、関わった者に口外することを固く禁じたといわれている。

このような奇計は、春秋・戦国時代に諸侯をわたり歩いて自説を説いた書生らがよく用いた常套手段であり、『戦国策《せんごくさく》』▲にもよく見られる。この逸話がつくり話であるかどうか今は確かめようがない。ただつくり話であるにしろ、匈奴の囲みを解かせるために閼氏が関係するということは、戦場において閼氏の

▼**『戦国策』**　前漢時代の劉向《りゅうこう》が、戦国時代（春秋以後から漢楚戦争が始まるまでの二四五年間）の古い文辞を集めて編集した書。ただし、今日伝わる今本と劉向が編集した古本とは同じではない。

意見が無視できないものであったことを物語っている。これ以降、中国では一部の例外を除き、皇帝自らが前線に出て軍を指揮することはなくなった。「平城の恥」が教訓になったことは確かである。▲

遊牧君主と中国皇帝との違い

白登山の戦いは、遊牧君主と中国君主の相違が端的にあらわれている。中国の場合、皇帝が大将軍や大都督などを任命して、戦いの全権を委任するかたちをとる。典型的な例は漢の武帝《ぶてい》である。武帝は、匈奴との戦いに生涯をかけて臨んだが、自身が前線にでることは一度もなかった。

だが、遊牧君主は違っていた。騎馬軍団の大将軍はつねに単于である。次章で詳述するが、単于の地位はその戦闘指揮能力によって左右される。つまり、遊牧君主はつねに前線で戦うことで、単于としての能力が試されているといってよい。中国皇帝の場合、君主が前線の先頭に立つときはかならず劣勢のときである。高祖の場合、まだ皇帝になって間もないという事情もあるが、筆者は、皇帝自ら前線に立った時点で勝敗は決していたといっても過言ではない。筆者は、白

▼皇帝による親征　まったくないわけではない。明の時代(一三六八〜一六四四年)、永楽帝(在位一四〇二〜二四)が五回にわたりモンゴルに親征、大勝利をおさめたのは有名である。逆に、同じ明朝六代の正統帝はオイラート軍にとらえられ、一年にわたって捕虜となる失態を演じている(一四四九年、土木の変)。このほか、唐太宗の突厥遠征(六二六年)、清康熙帝のモンゴル親征(一六九六年)などがあるが、きわめてめずらしい。

登山の戦いに遊牧君主の性格と役割を、みてとることができると思う。

匈奴が世界史の表舞台に華々しく登場したのは、白登山の戦いに大勝利してからである。冒頓は、当時としては国際的な感覚のきわめて優れた人物であった。彼が東胡王の欲求を適切に対処した手腕、また漢王朝との対応に対しても、当時の中国北辺の政治状況を的確に把握していたことなどその一例である。今日のように簡単に情報がえられる時代と違って、周辺国家の状況を把握していたことには驚嘆せざるをえない。おそらく、若いころに敵国月氏で人質として生活していたことが、その後の的確な対応につながったのではなかろうか。いずれにせよ、冒頓によって北アジア遊牧社会が一つの歴史世界として統合されたことは事実である。政治・経済・文化面で匈奴がその後の北アジア遊牧世界に大きなものを残したことは疑いない。

ところで、『史記』に記述されている冒頓軍四〇万という数値は、直前に冒頓が北アジア諸族を統合したとき、「弓を引く者三〇万余」と記載されていてこの数値とは合わない。四〇万という数値は、単于軍三〇万に中国投降兵を加えた数かもしれないが、単純に信ずることはできない。当時の匈奴騎馬軍団は、東方は青駹馬《せいぼう》(白面の黒馬)、西方は白馬、北方は烏驪馬《うり》、南方は騂馬《せい》(赤黄馬)と方角によって組織されていたようで、おそらく四〇万という数値の出処は、一方角一〇万騎という計算で記載されたものと考えられる。匈奴の軍制が十進法で組織されていることから四〇万という数値が記録されたとみるべきだろう。いずれにせよ、匈奴が組織的な騎馬軍団を構成していたことだけは間違いない。

兄弟の和約

匈奴軍の実力を思い知らされた漢の高祖は、郎中《ろうちゅう》▲の劉敬《りゅうけい》を冒頓のもとに遣わして、和平条約の締結を求めた。もちろん、冒頓も中国領内まで侵攻するつもりはなかったので、即座に漢の要請に応じた。ところが、条約が正式に結ばれたのは、白登山の戦いから二年あまりへた前一九八(高祖九)年十月のことである。なにゆえ、二年あまりのときが過ぎたのか。その真相は『史記』〈匈奴列伝〉に「韓王信らが約に倍《そむ》いて、代・雲中に侵掠する」とあるように、条約は二回結ばれたようだ。第一次和親は戦いの直後に結ばれ、互いの領土を侵さないというきわめて簡単な内容で、その後の両国の関係にふれなかったのであろ

▼**郎中**　秦・漢時代の官名。宮殿門戸の宿衛をつかさどり、皇帝の側近として外交も担当。

う。明らかに、匈奴側はその内容に不満をもち北方地帯を侵掠している。だが第二次和親では、その後の両国関係で重要な内容が含まれたのである。そして、そのことが、やがて武帝が匈奴に開戦を仕掛ける前一三三年まで、漢の重荷となったのである。前一九八年に結ばれた和親条約の内容は、次のとおりである。

第一条　漢帝室の一女を公主と称して、単于の閼氏として差し出し、両国は姻戚関係を結ぶ。

第二条　毎年、漢は匈奴に絮《まわた》(綿)、繒《そう》(絹)、酒、米そのほかの食物などを献上する。

第三条　漢皇帝と匈奴単于の間に兄弟の盟約を結ぶ。

第一条にある公主とは皇帝の実の娘のことで、三公《さんこう》▲が結婚儀礼をつかさどったところから公主と呼ばれた。唐《とう》代以降の中国王朝は、周辺異民族との和平を維持するために、積極的な婚姻政策を推進した。異民族の君主を慰撫することを目的としたことから、「和蕃《わばん》公主」と名づけられた。公主を冒頓に降嫁させるいきさつについて、『史記』〈劉敬《りゅうけい》叔孫《しゅくそん》通列伝《つうれつでん》〉および『漢書』〈酈陸朱劉《りりくしゅりゅう》叔孫伝《しゅくそんでん》〉では次のように記述されている。

▼**三公**　中国における最高位に位置する三官職。秦漢時代では、行政をつかさどる丞相(大司徒)・軍事をつかさどる太尉(大司馬)・政策立案と監察をつかさどる御史太夫(大司空)を指す。

劉敬は、「陛下（高祖）が、もし本当に嫡長の公主を冒頓に降嫁させ、手厚い贈物をすることができるなら、冒頓は漢の嫡女の手厚いのを知り、蛮夷《ばんい》ながらかならず公主を閼氏にいたしましょう。子が生まれればかならずや太子にしましょうから、やがてその子は単于になりましょう」と高祖に進言した。高祖は「良策である」といって、一人娘の内親王を遣わそうとした。これを聞いた母の呂后（呂雉《りょち》）は毎日朝に夕に泣いて、「私にはただ太子（劉盈《りゅうえい》・恵帝）と娘一人があるだけなのに、どうしてこれを匈奴に棄てられましょう」とかきくどき、高祖は、結局長公主（皇帝の長女）を匈奴に遣わすことができず、良家の娘を選んで長公主と名乗らせ、単于に嫁がせた。（このとき）劉敬を付き添いとして匈奴に派遣し、和親の協約を結ばせた。

上記のような異民族慰撫政策は、匈奴との和平条約が最初であった。高祖は呂后の願いを汲んで、良家の娘を形式的に皇帝の養女として扱ったうえで公主とし、異民族の君長に嫁がせた。ちなみに、皇帝の実の娘を「真公主《しんこうしゅ》」と呼ぶが、真公主降嫁の実例は唐代のウイグル可汗《かがん》に嫁いだ粛宗《しゅくそう》の娘寧国公主にみるのみである。これは、当時の唐がウイグル▲の援助を必要としたからであった。

▼ウイグル　回鶻、廻紇、維吾爾などと書かれる。モンゴル高原からトルキスタンに移住したトルコ系民族。匈奴時代の呼掲《こけい》がその前身といわれる。唐代に鉄勒《てつろく》の一つとして突厥に服属。のちに九姓鉄勒の一部としてあらわれ七二七（玄宗一五）年に反乱を起こし、九姓ウイグル国を建国。その後国内は乱れ、七三九年キルギスの侵攻によって滅び、国人は四散する。今日ではウイグル国人はイスラム教徒化して、人民共和国内でウイグル自治区を形成する。

詳細な記述はないが、匈奴単于に降嫁した公主はすべて皇帝の養女であったようだ。ところで、閼氏にも階層があって、大閼氏・顓渠《せんきょ》閼氏の位が高く、漢王朝より降嫁した公主は「寧胡《ねいこ》閼氏」と呼ばれた。匈奴において「寧胡閼氏」が産んだ子が、単于となった例は皆無である。

司馬遷は『史記』〈匈奴列伝〉で、「冒頓にいたって、匈奴はもっとも彊大《きょうだい》となり、北方の夷をことごとく征服して、南の方《かた》中国と敵国の関係になった」として、当時の北アジアの情勢を分析している。ここで司馬遷が使った「敵国」という概念は、戦闘行為などで敵対するという意味ではなくて、「匹敵」するという意味で使われている。すなわち、匈奴と中国は対等な国であると認めたということである。

第三条では両国は「兄弟」となっているが、実際は公主を迎えることによって、冒頓と高祖との間に舅甥《きゅうせい》(しゅうとむこ)関係を結ぶこととなった。それゆえ、匈奴側からみれば、公主が中国皇帝の実の娘であろうとなかろうと、そのようなことはまったく問題ではない。公主を受け入れることによって、漢と舅甥関係を結ぶことが重要であった。そして、その関係をつうじて、漢より物資

（綿・絹・食糧）を、毎年確実に受け取ることができ、そのうえ関市をつうじて交易も可能となる。前一九八年に匈奴と漢の間に交わされた兄弟の和約は、形式的には対等な条約であるかのようにみられるが、実質的には匈奴優位の不平等条約であることは否めない。

関市

兄弟の和約は、単に白登山の戦いの戦後処理だけで終わらなかった。その第二条に、漢より匈奴へ毎年一定量の綿・絹・酒・米そのほかの食糧を贈るとされていたが、これは両宮廷間の儀礼のあらわれであって、同時に、民間の交易である関市（互市）も開かれたのである。

第五代皇帝文帝《ぶんてい》▲に仕えた賈誼《かぎ》▲の『新書』〈匈奴篇〉に「関市は一定の日に長城のかたわらで開かれ、当日は酒を売る者、食べ物を売る者など、商人（漢人）が集まって店を開き、それをめあてとして胡人（匈奴人）が長城の下に集まった」とある。これより、二代あとの武帝の時代に、関市で武器や鉄の取引が頻繁になされることを憂慮して、厳しく取り締まったとある。

▼**文帝**（在位前一八〇～前一五七） 前漢第五代皇帝、高祖劉邦の中子。代王より皇帝となる。そのため、対匈奴とは和親政策をとり、民力の充実をはかり武帝時代の漢全盛期の基礎をつくった。

▼**賈誼**（前二〇〇～前一六八） 前漢文帝の寵臣。二〇歳で博士となり、文帝に重用されるも、周勃《しゅうぼつ》らの高祖以来の功臣にうとまれ長沙王の太傅に左遷されるが、匈奴政策、勧農政策などで手腕を発揮する。

▼**『冊府元亀』** 宋代の四大編集の一つで、王欽若《おうきんじゃく》、楊億《ようおく》らによる奉勅撰。一〇一三(大中祥符六)年に完成され、一〇〇〇巻、目録一〇巻より成る。歴代の帝王から外臣にいたる三一部、一一一五門に列挙されている。

『冊府元亀《さっぷげんき》』▲〈外臣部・互市の条〉には「文帝の時、匈奴和親し、与に関市を通ず」という記事があり、文帝以前に匈奴との間に関市が開かれていたことが明らかである。文帝のときには、前一八〇年と前一七六年の二回講和条約が結ばれているが、おそらくこれは前一七六年のものであろう。この年、前年右賢王が河南に侵略して漢軍と激戦におよんだ直後の和親条約で、冒頓からはラクダ、騎馬各二頭、駕二駟《がし》が贈られたのに対し、文帝は繡袷綺衣《しゅうこうきい》(皇帝の衣)、長襦・錦・黄金そのほかを贈り、両国の永興和平を約した。

民衆同士の商業取引は、長城、国境沿いにおいて、きわめてさかんにおこなわれていたようで、漢側は時折厳しい規制をかけていたようだ。とりわけ、鉄・金・塩・兵器の規制は厳しかった。武帝時代の前一二一(元狩《げんしゅ》二)年、匈奴昆邪王が大挙して長安に投降したとき、長安市民が昆邪の者たちと無断で交易して、五〇〇有余人が死刑になるという事件が起きた。これなどは、長安市民がいかに匈奴・西域の物産を欲していたかわかる。一方、匈奴王朝はかかる民衆の交易には開放的であり、むしろ人々が積極的に交易することを望んでいた。匈奴が南北に分裂した直後のことであるが、北匈奴が「西域諸国の胡客(商人)

を率いて、ともに献見せんことを求む」とか、「(八四年)北単于、また吏民と合市船ことを望む」(『後漢書《ごかんじょ》』▲〈南匈奴伝〉)などと見られ、匈奴が交易を強く望んでいたことがわかる。

匈奴の法律は民衆の生活に関わることにはまったく寛容である。匈奴と烏桓が対立していたときでも、烏桓の民が毛皮を携えて国境をこえて匈奴領内にはいっても、なんら規制をかけず烏桓の民衆と匈奴の民衆が自由に毛皮の物々交換をしていたこと(『漢書』〈匈奴伝〉)が伝えられている。こうした現象は、匈奴単于の権力執行が部族の君長級におよんでいても、一般民衆への統制はそれぞれの各部族長らに委ねられていたことが推定される。

▼**『後漢書』**　全一二〇巻、本紀・列伝は南朝宋の范曄《はんよう》の作、志三〇巻は晋の司馬彪《しばひょう》の作。もともと別の書であったが、北宋期の一〇二二年、孫奭《そんせき》の建議によって両書が合本され『後漢書』として成立した。史論や史評には多くの努力が傾けられていて、史料的価値が高い。李賢の注も前代の多くの書物が引用されていて評価も高い。

④―匈奴遊牧国家の成立

冒頓の遠征

先単于頭曼のときにおこなわれた中国侵攻は、黄河彎曲部のオルドス地帯が中心であり、このころのモンゴル高原はまだ東胡の勢力はあなどれず、とりわけ河北・遼東《りょうとう》の北方地帯はその勢力下にあった。やがて、冒頓の東胡壊滅(前二〇八〜前二〇七頃)で遼東方面に匈奴の勢力がおよぶと、おのずと中国王朝との間にこの地をめぐる抗争が始まった。

冒頓の中国東北遠征はきわめて計画的で、彼はこの地にはいるために、地区の代官・武将の懐柔政策をとっている。その総仕上げとして中国東北地帯を征服したのであった。彼がこの地を重視したのは、この地方は朝鮮半島および松花江《しょうかこう》平原につうじ、南は渤海《ぼっかい》をひかえる東方ルートの拠点で、東胡支配のうえでも戦略的に重要であったからである。もちろん、中国王朝もかねてより重視していた。これより六〇年後、武帝の時代に漢はこの地方に進出して漢四郡▲を設置している。漢の朝鮮征服は、『漢書』に「匈奴の左臂《さひ》を断つ」と記されて

▼**漢四郡**　前一〇八(元封《げんぽう》三)年、漢は朝鮮半島にあった衛氏朝鮮を滅ぼして、楽浪《らくろう》・真番《しんばん》・臨屯《りんとん》・玄菟《げんと》の四郡を設置した。その後、魏の時代には、遼東地方に台頭した公孫氏が帯方郡を設置している。

いるように、匈奴を東方より牽制するためであった。そのさい、漢は烏桓《うかん》（東胡の後裔《こうえい》）兵を傭兵として利用している。

白登山《はくとさん》の戦いでは、北方の要である馬邑《ばゆう》に駐屯する韓王信《かんおうしん》を味方に引き入れ、その副将の王黄《おうこう》・趙利《ちょうり》・曼丘臣《まんきゅうしん》らの武将をも配下とした。その後、韓王信にかわって代《だい》の守備隊長となった陳豨《ちんき》もまた、前一九六（高祖《こうそ》一一）年秋、漢に反旗を翻している。陳豨の謀反は長続きしなかったが、そののち起きた燕《えん》王盧綰《ろわん》の反乱に影響を与えたことは確かである。盧綰は、高祖とは下級役人の亭良《ていりょう》時代よりの盟友であった。盧綰の反乱によって高祖劉邦が受けた衝撃は、これまでと比べようもなかったことはいうまでもなかろう。

高祖は、盧綰がかつての親友であったこともあり、即座に処刑せず使者を立てて盧綰を呼び事情を聞こうとしたが、盧綰は病気を理由にして応じなかった。このころ高祖は重病で、翌前一九五年四月に崩御している。高祖の死を知った盧綰は、徒党数千人を引き連れて匈奴に投降した。冒頓は、彼の投降をおおいに喜び「東胡盧王」として遇した。これ以降匈奴は、上谷郡以東に侵攻して漢を苦しめた。

冒頓は東胡討滅後馬首を西に転じて、西方に勢力を誇示していた月氏を追った。モンゴル高原を完全掌握するには、最大の勢力である月氏を制圧することが必要であった。この後、匈奴の月氏攻撃は何度も繰り返されている。それだけ当時、月氏の勢力が強大であったことを物語るが、第一次攻撃は、おそらく東胡討滅直後の前二〇六年頃と推定される。『史記』〈匈奴列伝〉は次のように伝えている。

(冒頓は)たちまち東胡を撃破して王を殺し、人民・家畜を掠奪した。還ると、また西方に月氏を撃って敗走させ、南方に河南《かなん》の楼煩《ろうはん》・白羊《はくよう》二王の国を併合し、秦《しん》の蒙恬《もうてん》に奪われた土地を、ふたたびことごとく手中におさめた。(中略)冒頓はその後、北の方に渾庾《こんゆ》、屈射《くっしゃ》、丁零《ていれい》、鬲昆《れきこん》、薪犂《しんり》の国を征服したので、貴族・大臣らは冒頓単于に心服して、賢人として尊んだ。

このように冒頓による第一次北アジア遠征の目的は、匈奴の勢威を周辺諸族に知らしめることにあった。

中国北辺への侵入

匈奴は漢と和平条約を結ぶかたわら、つねに中国北辺に侵略して掠奪を繰り返していた。和平条約は、長城付近で開かれた交易(関市)に一定の効果をもたらしてはいたが、匈奴社会の物資不足の根本的な解決策にはならなかった。条約締結後も、匈奴は毎年のように中国北辺に侵入している。和平条約に記載されている綿・絹などは西方諸国への転売品であっても、匈奴国内の必需品ではない。これらの商品では、匈奴の民の欲求が満足されるわけがなかった。

匈奴をはじめ歴代の騎馬遊牧民が、中国やオアシス国家に侵略したのは遊牧がもつ脆弱性を補完するためであった。従来、遊牧民の掠奪の目的は農耕国家が蓄積した財宝であるといわれていたが、彼らが欲したのは家畜と人間であった。家畜の掠奪は奇異に感じられるかもしれないが、冬の厳寒性と夏の蝗害《こうがい》と赤地現象(牧草地が枯れて不毛の地となる)は、モンゴル遊牧民の生活を根本から破壊するものであった。そのうえ、家畜に蔓延する病気も決してまれではなかった。こうした自然の猛威のなかで家畜を守り続けることは決して容易ではなかった。このために、中国北辺やオアシス地帯で放牧されている家畜は、それらを補完するには格好の対象であったことはいうまでもない。

また、彼らが家畜・食糧以上に必要としたのは、労働力としての奴隷である。モンゴル高原は人口がきわめて希薄である。現在でも、世界の人口密度ランキングではモンゴル国が最下位で、世界一の人口希薄国となっている。それだけに、モンゴルは古い時代より労働力としての人間を確保することが、国家の最重要課題であった。

遊牧生産でえられるものには、限度がある。遊牧生産は脆弱性と欠落点をかかえている。騎馬遊牧民が装着する馬具や鉄製の武器類は、匈奴の軍事態勢を支えるうえでもっとも重要なものであった。そのうえ、手工業・農業・林業などで生産されるもので、遊牧生活上欠かせないものがたくさんある。ゲル(家屋)を支える材木をはじめ、肉を切る手工業製品、保存などに必要な甕土器などは、その生産のためには定着性を基本とし一定の労働力が必須となる。当然、人口の少ない匈奴(漢の一郡にも満たない人口)では、外来の定住技能者を労働力として導入することが生き延びるためには必須であった。

すでに、多くの先学たちが指摘されているように、匈奴では農業・手工業生産のための定着地が各地に存在した。その遺跡も一部ながら、各地よりみつかり発掘も進められている。東シベリア・ザ・バイカル地方にあったイヴォルガ(ivolga)城砦遺跡では鉄工房が設けられ、鉄製の武器や農工具がつくられていた。イヴォルガ城砦遺跡では漢式の陶器も発見されており、その近郊では農耕がいとなまれていた跡が発見されている。おそらく、中国北辺で拉致された農民たちがイヴォルガに強制移住させられ、匈奴の監視下において、鉄製品の製作にあたっていたものと思われる。

このほか、モンゴルの考古学者ペルレーはモンゴル国ヘンテェ県にあるシャン・ハド山で、多数のタムガ型の印を発見した。彼は、これを匈奴時代の文字の萌芽とみているが、同時に一九五〇年から五七年にかけて、トウブ県ヘルレン川東方地区のドルノド・ツアガールおよびゴビ砂漠の南のウムヌゴビ県と広範囲にわたって住居址の調査がなされている。これらは、まだ断続的で総合的な調査にまでいたっていないが、匈奴領内各地に定住跡が残されていることは注目される。

いずれにせよ、匈奴領内で働かせるための奴隷補充を中国北辺に住む農耕民

シャン・ハド山で発見された多数のタムガ型の印

に求めたことは十分に考えられる。中国北辺への侵入の実態をみても、ときには、村落まるごと数千人を拉致したという記録もみられる。一方で、逆の現象も報告されている。それは、中国農民が納税の厳しさに耐えられず、むしろ匈奴のほうが住みやすいとして、北に逃亡する例も散見される。万里の長城が、中国農民の逃亡を防ぐ側面があったこともそのためである。

匈奴の奴隷補充は、決して中国北辺の農民ばかりではなかった。西域諸国へもその手が伸びていた。班固《はんこ》▲の編による『漢書』〈西域伝〉に

> 匈奴日逐王《じっちくおう》▲は、僮僕都尉《どうぼくとい》をおいて西域を領させ、つねに焉耆《えんき》国、危須《きす》国、尉犂《いり》国の間に駐屯し、西域諸国に賦税し、富給をとった。

と記録されている。僮僕とは奴隷を意味する。匈奴の日逐王領内に、西域諸国への賦税と奴隷調達の任にあたる僮僕都尉がおかれたのもそのためである。

匈奴という名称

中国の史書では、異民族に関する民族誌的記載をする場合、その集団の単位を規模や性格によって、類・種・部・氏・姓・邑・落・戸・帳・家などの諸語

▼班固（三二〜九二）　後漢の歴史家。父班彪《はんぴょう》の遺志により『漢書』を著す。和帝暗殺事件に連座して獄死する。その後『漢書』は妹の班昭《はんしょう》によって完成される。西域都護の班《はん》超《ちょう》は弟。

▼日逐王　匈奴における西域総官で、漢との西域支配をめぐる攻防のなかで生まれた役職。匈奴攣鞮氏によって独占された。シルクロード地帯を抑えるだけに、その勢力は単于を凌ぐものとなった。四八年の匈奴の南北分裂の先頭に立ったのが、日逐王であった。

を用いて表現している。ただ、漢人による記載は彼らの関心のみにかぎられることが多く、きわめて断片的で誤解を生み出す危険も孕《はら》んでいる。匈奴の集団について『晋書《しんじょ》』〈北狄匈奴伝〉は、次のように記している。

北狄(匈奴)は部落を以て類となし、長城内に入居したものには屠各《とかく》種・鮮《せん》支《し》種・寇頭《こうとう》種から力羯《りきけつ》種(『晋書』ではすべての種が網羅されているがここでは省く)にいたる合計一九種がある。みな部落をなして混ざり合うことはない。屠各種がもっとも強力で地位が高い。ゆえに単于に立って諸種を統領する。

この記述は、南北分裂後に入洛した南匈奴を例としているが、屠各種が単于を輩出していた種族であることは疑いない。文中の「混ざり合うことはない」という表現は、匈奴は「種族内婚」でかつ「氏族外婚」を原則としていたので、別種族が婚姻によって結ばれることはなかった。つまり、一九種は「匈奴」という名の連合体で政治的に統合されていた。要するに、婚姻集団が同時に政治的な生産集団である。また『晋書』〈北狄匈奴伝〉に「匈奴の類は、これをすべて北狄という」とあり、すなわち、中国人は匈奴という政治的母体を「類」

という言葉で表現したのである。ちなみに、八世紀東モンゴルから遼河《りょうが》の北方に居住していた契丹《きったん》と奚《けい》について、「種は異なるが類は同じ」(『魏書《ぎしょ》』〈契丹伝〉)と記している。中国人は類をより大きな集団として解釈していたようだ。

モンゴル高原のすべてが広々とした大草原ばかりではない。砂礫化した砂漠、湿地帯の沼地、高度な山岳地帯など、場所によっては遊牧のスタイルも違ってくる。それゆえ、各種族・部族が互いに補完し合って生活していた。家畜および水源の管理などの遊牧生活できわめて重要なものは、こうした政治的連携によって保たれていた。ゾド(大雪害)などの災害への対応は、一氏族の力ではとても不可能である。他種族と連携することは、このような環境下では必然的なものである。

前一七六(文帝《ぶんてい》四)年、冒頓単于が漢の文帝▲に送った書簡に、

> 天の加護と吏卒の優良、馬匹の強力によって月氏を滅ぼし、これをことごとく斬殺し降服させ、また楼蘭《ろうらん》▲・烏孫《うそん》・呼掲《こけい》および近辺の二六国を平定し、それらの地をすべて匈奴に合わせた。(『史記』〈匈奴列伝〉)

とある。この書簡は、冒頓が北アジア全域の支配者が「匈奴」であることを文

▼文帝(前二〇二〜前一五七、在位前一八〇〜前一五七)　代王より帝位につく。対匈奴では一貫して和親政策をとって、民力を蓄え、のちの武帝の全盛期の基礎となる。

▼楼蘭　漢・魏時代にタリム盆地東辺にあったオアシス都市。現地から二七〇年頃の漢文文書が発見され、また四世紀前半(三二八年)に書かれた李柏文書がある。ロブ・ノールの北に位置し、この地方の環境悪化のため、四世紀後半にこの都市国家は廃滅したといわれている。

帝に明言したもので、「匈奴」という名のもとでの国家宣言である。これ以降、中国において匈奴とは二つの意味をもつ言葉となった。すなわち国家としての「匈奴」と、類すなわち一九種による種族連合としての「匈奴」である（七九頁図参照）。

単于位がもつ意味

匈奴の君長を単于といい、その意味は『漢書』〈匈奴伝〉によると、

> その国では（単于を）撐犁孤塗単于《とうりことぜんう》と称する。匈奴では天のことを撐犁といい、子のことを孤塗という。単于とは広大の意をあらわし、そのありさまが天のごとく広大であるという

と述べられている。単于という尊号は匈奴が最初で、東胡の後裔といわれる鮮《せん》卑《び》、烏桓および松花江流域に居住していた扶余《ふよ》族らでも広く使用されていた。五世紀、柔然《じゅうぜん》の社崙《しゃろん》▲が自らの尊号を「可汗《かがん》」として名乗るまで、北アジアで広く用いられていた。▲撐犁は、トルコ語・モンゴル語の「tengrin」（天）、孤塗はツングース語の「quto」とされ、「天の子」なる意味と解釈されるが、孤塗を

▼社崙（?～四一〇）　柔然（茹茹《じょじょ》）の創始者。北アジア史上最初に可汗と名乗り、丘豆伐《きゅうとうばつ》可汗と称した。四〇二年、高車諸部を攻略して、モンゴル高原を掌握。法制・軍制を改め柔然の基礎を築いた。北魏としばしば戦い戦死。

▼可汗　一九八〇年、中華人民共和国内蒙古自治区オロチョン地区の大興安嶺山脈の森林地帯にある嘎仙洞より、漢文による祖先を祀る祝文が発見された。その末尾部分に「可寒」「可敦」なる文字が記録されていた。北魏が柔然を征服した（402年）以前に「可汗」号を採用していたという考えもある。

トルコ語の「qut」(幸福)、「idiqut」(新聖)として、「天の福を承《う》けたるもの」と解釈する説もあるが、まだ確定はしていない。

しかし、撐犁孤塗単于という名称、ならびにその姓が攣鞮《らんてい》であるとする記述は、『漢書』からであって『史記』には記載されていない。『漢書』の編者班固が、この新たな知識をどのようにしてえたのか、今は確かめようがない。前一七四(文帝六)年、冒頓が死亡して子の稽粥《けいいく》が老上《ろうじょう》単于に登位したさい、漢の文帝へ送った書簡の書き出しが「天地の生むところ、日月のおくところの匈奴大単于」であったことはよく知られている。この冒頭の文面は、老上単于のとき、単于に嫁ぐ公主の従臣に命じられた中行説《ちゅうこうえつ》が、匈奴が漢より上位であることを示すために、単于の地位に威厳を示したものと考えられる。中行説は、北アジア諸族に伝わる「天孫降臨」の思想を、漢との外交に利用することを進言したのである。それゆえ、撐犁孤塗単于と称したのは冒頓時代からであると思われる。さきに冒頓の父頭曼は、トルコ語、モンゴル語の「Tümən」(万人長)を音写したものであると述べたが、撐犁孤塗とはそぐわないことからも十分に考えられよう。

なにゆえ、冒頓は「撐犁孤塗単于」と名乗らねばならなかったのか。東胡を討ち、月氏を征した冒頓は北アジアの諸種族を統領し、もはや一部族の首長ではなかった。一つの事例を紹介しよう。冒頓の孫軍臣《ぐんしん》単于の時代、河西《かせい》の北に休屠《きゅうと》という遊牧部族がいた。彼らは、漢の武将霍去病《かくきょへい》の調略により漢に服属後も、首長休屠王を祀《まつ》った金人(仏像)を崇めていた。これは亡き首長を部族神(＝祖先神)と信仰していた例証である。

冒頓の出身氏族が、屠各種攣鞮氏であることはさきに述べた。匈奴単于は、自らの祖先神(＝攣鞮氏の祖先神)と異なる部族神をもつ諸部族を、恒久的に統治するためには、単于が各部族の神々より上位であることを示す必要がある。匈奴は五月、単于庭で蘢城《りゅうじょう》▲という会議を開いて「その先祖、天地、鬼神を祀り」とあるように、各部族長に攣鞮氏の祖先神を拝むことを強制した。この会議は、烏孫のような他部族の首長の出席も求められていた。匈奴に服属していた諸長は自己の部族に帰れば部族の統一体(＝神)的存在であったから、蘢城の出席によって諸部族神が単于に隷属したことを意味していた。撐犁孤塗単于という名に象徴される匈奴単于の神格化は、攣鞮政権による諸部族支配を内外に

▼**蘢城**　自然の樹木を立てて現代のオボー(牧草の繁茂、家畜の繁殖など部落の平和と安寧を願うシャーマニズムの神)の祭壇のようなものをつくり、その周囲をまわって祭祀する。この祭祀で攣鞮氏の祖先神を拝んだのち部族長が会議を開いて、部族間の団結を固めた。

示すものであったといえよう。

単于を支えた姻戚氏族

匈奴の政治権力は、最高位の屠各種族によって掌握されていた。『漢書』によると屠各種内の氏族は、攣鞮・呼衍《こえん》・蘭《らん》・須卜《すぼく》・丘林《きゅうりん》・当于《とうう》・張《ちょう》・路《ろ》の各氏が知られており、攣鞮氏が最上位で単于位を独占した。屠各種では攣鞮氏を中核として呼衍・蘭・須卜の三氏族が貴姓氏族を形成し、後漢期にはいってこれに丘林氏が加わった。后妃の地位である閼氏《あつし》は、顓渠《せんきょ》閼氏▲が最上位で皇后にあたり、その地位はほとんど呼衍氏の娘が継ぎ、匈奴では呼衍氏が攣鞮氏につぐ地位にあった。

戦国時代の作と推定される『穆天子傳《ぼくてんしでん》』▲のなかに、周の穆王が甘粛《かんしゅく》地方で「閼氏胡」なる一氏族の地を通過したことが記録されている。この「閼氏胡」とは状況より判断して呼衍氏に相当すると考えられる。これより三〇〇年ほど経過したのちのことであるが、延光《えんこう》年間（一二二～一二五年）、匈奴が西方に移動中、呼衍王が西域にて一時覇をとげたことが記録されている。北匈奴呼衍王

▼顓渠閼氏　閼氏とは后のこと。単于は複数の氏族の娘を閼氏に迎え入れているが、狐鹿姑単于のとき、衛律と画策した閼氏の行動から類推して、顓渠閼氏が最上位と思われる。顓渠とは「つつましく大きなさま」をいい、尊称としては最上位におかれる。閼氏呼称にはほかに大閼氏、寧胡閼氏などがある。

▼『穆天子傳』　作者、制作年代は不詳で、西晋時代（二六五～三一六年）に魏の襄王の墓より竹簡として発見されたもの。周の穆王の伝記を中心として、全六巻から成る歴史書で『周王遊行』ともいわれている。

▼車師　漢代より北魏時代の間、東トルキスタンに存在したオアシス

はつねに蒲類湖《ほるいこ》と秦海《しんかい》（カスピ海）の間というきわめて広範囲な地域で活動して、西域諸国の車師《しゃし》▲・鄯善《ぜんぜん》▲・伊吾《いご》▲などで覇を唱えたことが記録されている（『後漢《ごかん》書《じょ》』〈西域伝〉）。呼衍氏が戦国時代より後漢期にいたるまで、つねに西域を中心に活躍しているのは、これらの土地が彼らの勢力地図の範囲内であったからではなかろうか。あくまでも推定の域をこえることができないが、冒頓は西を抑えるためにはどうしても呼衍氏の力を必要としたのかもしれない。

匈奴では嫂婚制《そうこんせい》▲があまねく広がっていた。単于は先代の妻をすべて継承するのが習わしであった。北アジアの遊牧社会では、妻とは一定の代償を支払って手に入れるものであり、父や兄の妻をえることで、血族の団結と財産の流出を防ぐという氏族機構の原則が貫かれていた。冒頓が頭曼を殺害したとき、「その後継母や弟たちおよび服従しない大臣をことごとく誅した」（『史記』〈匈奴列伝〉）とある。冒頓は、父頭曼につながるものを絶ち、冒頓の家系にもとづく新たな機構をここに成立させたと考えるべきであろう。

『史記』〈索隠〉に「呼衍氏と須卜氏は、つねに単于と婚姻した。須卜氏は、獄訟（＝裁判）の職についた」とある。貴姓氏族は、骨都侯《こっとこう》という職についた（七

都市国家。漢の時代は車師前王国、車師後王国としてシルクロードの要衝にあって栄えた。車師は匈奴が西域に南下するさいの拠点であったので、漢と匈奴が西域経営をめぐり激しく争いを繰り返した地であった。

▼鄯善　東トルキスタンのオアシス都市国家。漢の時代は漢と匈奴の二大勢力のはざまにあった。七世紀にチベット勢力（吐蕃）の影響下にはいる。

▼伊吾　天山山脈最東部南麓に位置するオアシス都市で、哈蜜、クルムともいう。古代東西交易の重要拠点。匈奴以後、柔然・突厥などにも重要市場とみなされ、隋・唐にも天山への幹線道路として重視された。

▼嫂婚制　婚姻によって結ばれた紐帯《ちゅうたい》を維持し続けることを目的としたもの。遊牧民、狩猟民で広く用いられ、レヴィレート婚といわれる。日本では、武家社会で儒教思想が普及したことにより衰退した。

三頁図参照)。骨都侯という役職は、単于近習の役職のうち最高位のもので左右におかれていた。彼らは、監察部門を主管とし、主として、王侯の動静を探ることが目的であった。王侯とは各部族長が名乗っている諸王も含まれるが、その頂点に立つ四王(左賢王・右賢王・左谷蠡王《さこくり》・右谷蠡王《うこくり》)である。これらの王はいずれも攣鞮氏出身で次の単于となりうる人たちである。こうした王たちに対しての監察の役目を閼氏一族に委ねていたことから、当時の単于がいかに閼氏一族に頼っていたかよくわかる。逆の視点から眺めてみると、閼氏一族はいかに力があっても、血の原則からして決して単于となりえないから、単于の外戚の立場を貫くことによって自らの地位が保たれたのである。ちなみに、匈奴五〇〇年の歴史で、攣鞮氏出身以外の者が単于を名乗ったのは、匈奴が南北に分裂した混乱期に、呼掲《こけい》単于、車犂《しゃり》単于、須卜単于の例があげられるが、正式に認められたものではない。

匈奴「二十四長」

匈奴では行政機構と軍事組織は一体となっている。大雪害をはじめとした災

匈奴単于世系表

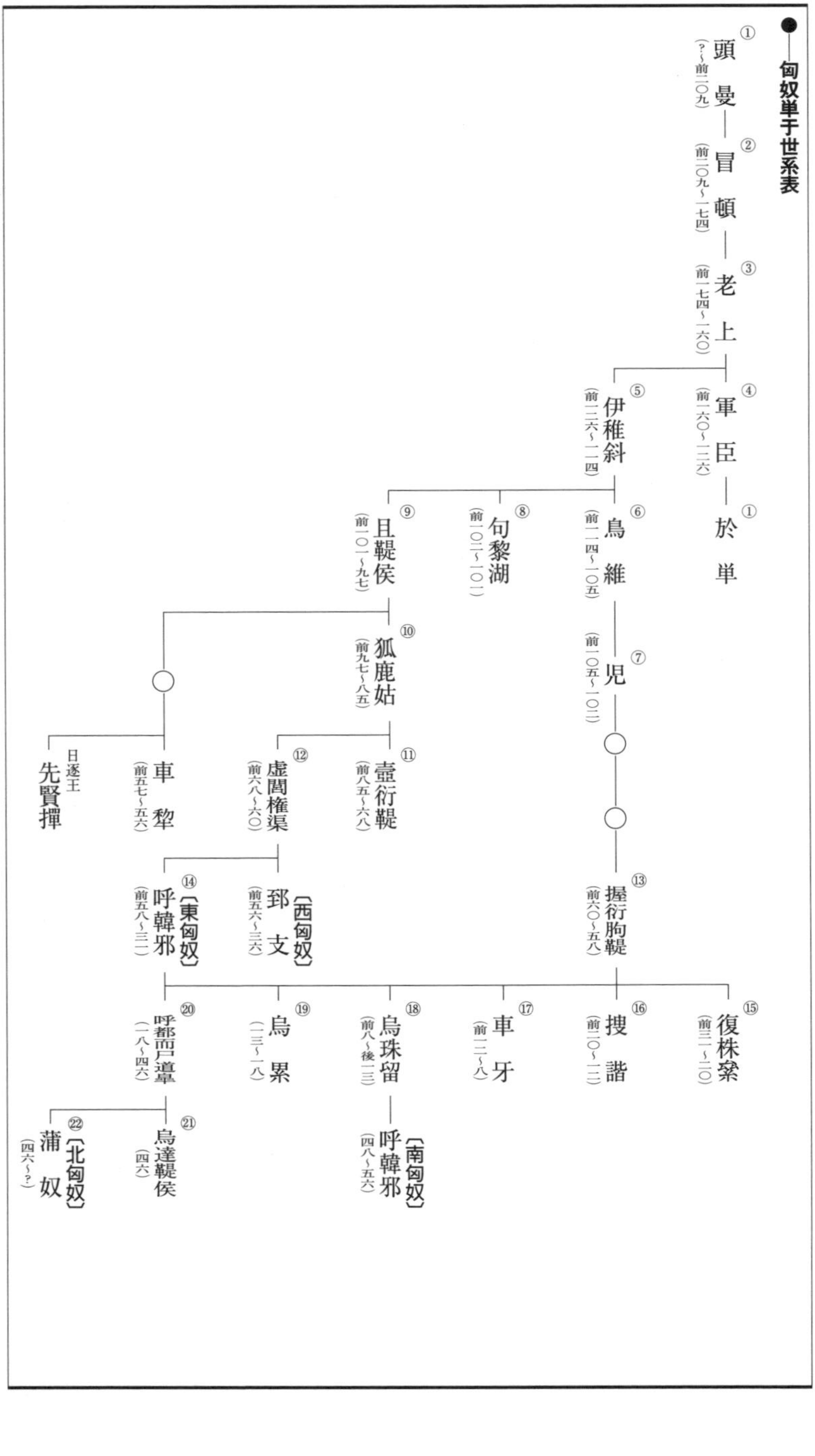
①頭曼（?～前二〇九）
②冒頓（前二〇九～一七四）
③老上（前一七四～一六〇）
④軍臣（前一六〇～一二六）
①於単
⑤伊稚斜（前一二六～一一四）
⑥烏維（前一一四～一〇五）
⑦児（前一〇五～一〇二）
⑧句黎湖（前一〇二～一〇一）
⑨且鞮侯（前一〇一～九七）
⑩狐鹿姑（前九七～八五）
⑪壺衍鞮（前八五～六八）
⑫虚閭権渠（前六八～六〇）
車犂（前五七～五六）
日逐王
先賢撣
⑬握衍朐鞮（前六〇～五八）
〔西匈奴〕
郅支（前五六～三六）
⑭〔東匈奴〕
呼韓邪（前五八～三一）
⑮復株絫（前三一～二〇）
⑯捜諧（前二〇～一二）
⑰車牙（前一二～八）
⑱烏珠留（前八～後一三）
〔南匈奴〕
呼韓邪（四八～五六）
⑲烏累（一三～一八）
⑳呼都而尸道皐（一八～四六）
㉑烏達鞮侯（四六）
㉒〔北匈奴〕
蒲奴（四六～?）

害などは、一氏族の力で到底乗りこえられるものではない。おのずと他氏族や近隣部族との連携が必要となる。『史記』・『漢書』によって匈奴でも何度も大災害に遭ったことが伝えられている。こうした非常事態と掠奪戦などの軍事行動は、密接に関わっている。要するに、匈奴の行政機構は、大雪害などの不測の事態への対応や、他種族との抗争のときに、匈奴国を構成する諸部族が連帯するなかで、整備されたものと思われる。

『史記』〈匈奴列伝〉、『漢書』〈匈奴伝〉では次のように伝えられている。

> 左右の賢王、左右の谷蠡王、左右の大将、左右の大都尉《だいとい》、左右の大当戸《だいとうと》、左右の骨都侯があった。匈奴で賢という意味を屠耆《とき》といい、それゆえ、つねに太子を左屠耆王といった。左右賢王より以下当戸にいたるまで、一万騎から数千騎を率いる者がおよそ二十四長あったが、一様に万騎と号した。諸大臣はみな世襲で、それには呼衍氏、蘭氏があったが、のちに須卜氏が加わり、この三姓が匈奴の貴族であった。左方の王や将は東方にいて上谷郡から東にあたり、穢貊《わいはく》▲・朝鮮に接した。右方の王や将は西方にいて上郡から西にあたり、月氏・氐《てい》・羌《きょう》に接した。単于の庭《みやこ》は代・雲中の地にあた

▼**穢貊**　戦国時代から秦漢時代にかけて、今日の吉林省を流れる松花江周辺に居住していた高句麗の先住民。後漢時代以降は扶余族と呼ばれている。

●匈奴の行政機構（前漢期）

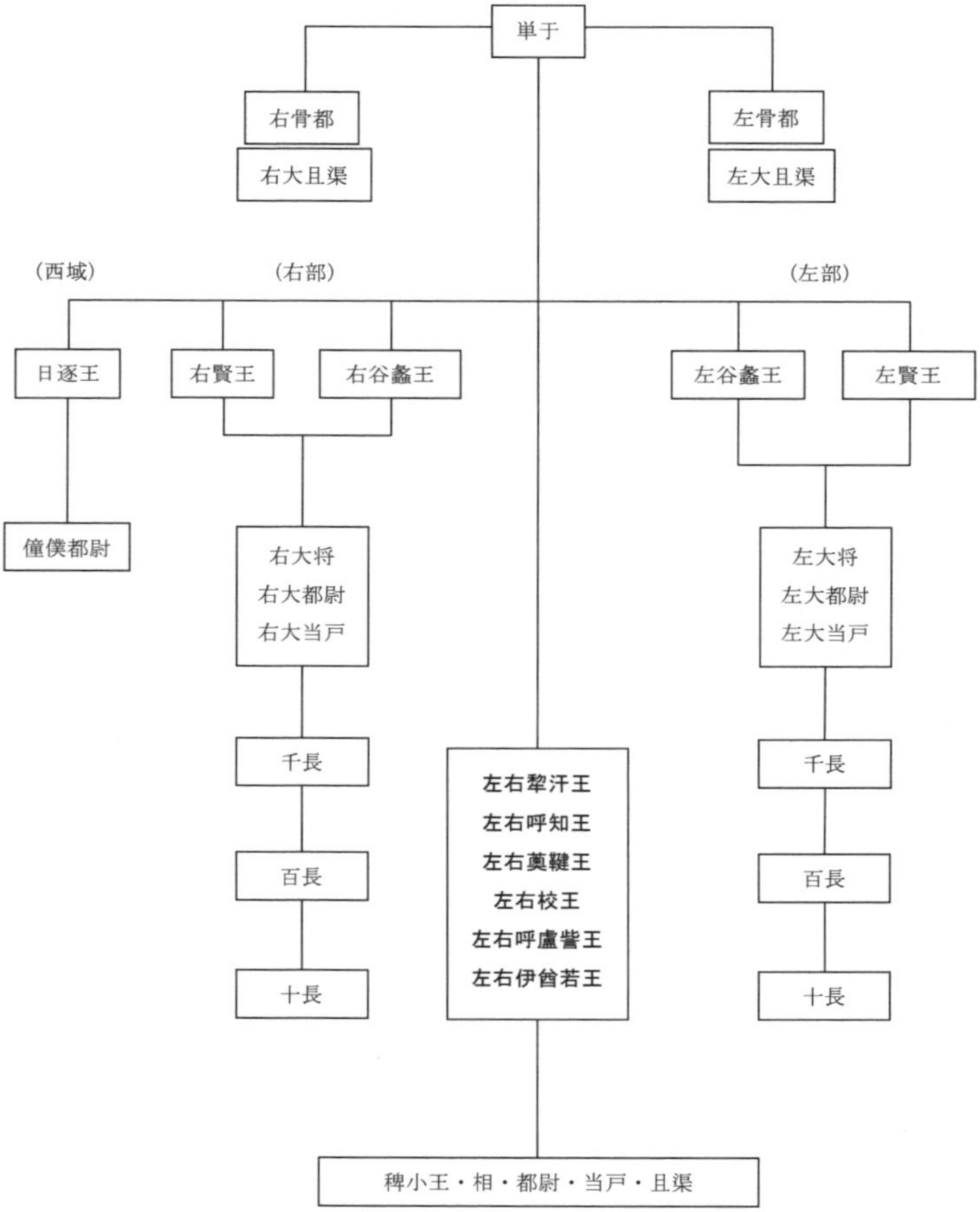
単于
右骨都
右大且渠
左骨都
左大且渠
（西域）
（右部）
（左部）
日逐王
右賢王
右谷蠡王
左谷蠡王
左賢王
僮僕都尉
右大将
右大都尉
右大当戸
左大将
左大都尉
左大当戸
千長
百長
十長
左右犂汗王
左右呼知王
左右薁鞬王
左右校王
左右呼盧訾王
左右伊曾若王
千長
百長
十長
稗小王・相・都尉・当戸・且渠

っていた。それぞれ領地はあったが、水・草を逐《お》って移住し、なかでも左右の賢王、左右の谷蠡王が最大であった。左右の骨都侯は政治を補佐した。二十四の長たちも、それぞれ千長・百長・十長・裨小王《ひしょうおう》・相・都尉・当戸・且渠《しょきょ》などの官をおいた。

とあるように、匈奴の軍事機構は「二十四長」が中核となっている。「二十四長」の位置付けについては、これまで多くの人たちより意見が出され百家争鳴の感がある。それは、根本史料である『史記』の記述がきわめて断片的で、それを継ぐ『漢書』は『史記』を踏襲していて目新しいものがないからである。これに対し『後漢書』〈南匈奴伝〉では、左右賢王、左右谷蠡王を「四角」とし、次に、左右日逐王、左右温禺鞮王《おんぐうていおう》▲、左右漸将王《ぜんしょうおう》を「六角」として、いずれも単于一族（攣鞮氏）が独占していた。さらに、左右骨都侯、左右尸逐《しちく》骨都侯を異姓大臣の役職として明記する。

『後漢書』には先行する二書にない新知識が導入されている。もちろん、『後漢書』を記述した范曄《はんよう》が、これまでの史家よりも匈奴を身近に観察できたという利点はあるが、范曄が文筆家として名をはせ、それがゆえに多くの注釈が加

▼**温禺鞮王**　祁連山脈の北側あたりに居地していて、匈奴にはゲルを建てる材木を供給していた（『漢書』〈匈奴伝〉）。『後漢書』〈南匈奴伝〉では攣鞮氏出身の王とされているが、匈奴と別種王であるとする説が有力。

えられていることも注意を要する。さらに、『晋書』〈北狄匈奴伝〉には左右八種十六等が記載され、時代によりその役職は変更されている。これらはいずれも来降した南匈奴に関するもので、中国の影響を強く受けていて、前漢期の匈奴と同列視することはできない。

「二十四長」のなかで、四王(左右賢王と左右谷蠡王)と次の大将・大都尉・大当戸の三職を区別し、前者を高級司令官、後者を中級司令官と区分する考えがある。後者も「万騎長」と称していたが実質は五〇〇〇騎程度の中級指揮官で、その下に千長・百長・十長らの下級指揮官が続いていた。さきの四王と左右の骨都侯を同列とする考え方もあるが、骨都侯は姻戚氏族の出身者がつく職であり、一方、四王は攣鞮氏出身者しかなりえない職なので、匈奴社会における血の原則からみて、両者を同列視することは間違いであろう。

匈奴は東西分統制をとっていて、左賢王は東側で中国、朝鮮と接し、その北のトラ川流域では左谷蠡王が鮮卑らを統括した。西側の旧月氏の領域を右賢王が、西北地帯の堅昆を右谷蠡王が統治した。雲中の北からモンゴル高原の中央部に単于庭があったと推定される。匈奴によってつくられた東西分統制は、その後長く内陸アジアの遊牧諸族に受け継がれている。

筆者は、「二十四」という数字にこだわる必要はないと思う。「二十四」という数字は、「二十四節気」にもつうじ、中国春秋時代に一太陽年を太陽の位置によって二四等分して季節をあらわしたにすぎない。おそらくこの考えは、投降漢人によって匈奴へもたらされ、匈奴の生活習慣と結びついて定着したものと思われる。騎馬遊牧民の匈奴が、遊牧生活の分岐点として重要な立春・立秋を起点に、夏至・冬至の二至、春分・秋分の計四分を社会の統合体に導入したとしても、決して不思議ではない。彼らが蘢城の会議を春・秋の二回開催したこと、軍馬を東西南北に配置して部隊を構成したことなどを総合的に考慮すると、「二十四」という数字は根拠あるものと思われる。いずれにせよ、「二十四」という数字への興味はつきない。

⑤―匈奴遊牧国家の性格

ゆるやかな部族連合

冒頓一代でつくられた匈奴遊牧国家を、多くの人々は歴史上最初に成立した「遊牧帝国」であると位置づける。その最大の理由は、冒頓によって北アジア全域が統合され、匈奴国家が多民族国家へと成長したという認識による。もともと「帝国」という概念は、ローマ帝国を基準として、十八世紀の西ヨーロッパ世界から生み出されたものであり、それらを内陸アジアの遊牧世界に軽々にあてはめることは慎重を要する。以下この点について検討してみよう。

冒頓が東胡を征圧し月氏を攻撃(第一次征討)したのが、前二〇六年頃である。それから約三〇年後の前一七七(文帝《ぶんてい》三)年、冒頓は漢の文帝に宛てた書簡で、月氏(第二次征討)および西域を征服したことを誇らしげに述べている。匈奴が北アジア全域を統一するまで三〇年の歳月が流れていた。

前一九五(高祖《こうそ》一二)年漢の高祖劉邦《りゅうほう》は、英布(黥布《げいふ》)討伐のときに受けた矢傷がもとで崩じたと伝えられている。死ぬ直前、臣下の者たちに「匈奴とは争うな」と言明したという。まもなく嫡子劉盈《りゅうえい》が二代皇帝恵帝《けいてい》に即位したが、実権は太后の呂雉《りょち》(呂后)が握った。このとき、冒頓より一通の手紙が呂雉に届いた。

自分は孤独な君主で、湿潤な沢地に生まれ、牛馬が群なる平野に長じました。しばし国境まで出かけ、中国で遊びたいと思っています。陛下もお一人で孤独でおられます。両主が楽しまないようでは、心の慰めようもありません。願わくは有るところを以て、ないところに易《か》えたいと思いますがいかがでしょうか。(『漢書《かんじょ》』〈匈奴伝〉)

呂后は激怒して兵を出そうとしたが、臣下に諫められて思いとどまったという。冒頓は、時折中国北辺にあらわれたが大きな戦いとはならず、長城地帯は平穏で関市は賑わったという。これ以外、冒頓の動静は杳《よう》として知れない。武《ぶ》帝《てい》が登場するまで、漢と匈奴の間の力関係は匈奴が上位で、漢は毎年歳幣を匈奴に送り続けたのである。匈奴が周辺諸種族に、どのような対応をしていたか史書は伝えていないので、遺憾ながらわからない。断片的だが、烏孫《うそん》と烏桓《うがん》についてふれてみよう。

『漢書』〈西域伝〉によると、烏孫は当初甘粛《かんしゅく》省西辺の敦煌《とんこう》と祁連山《きれんさん》の間に

●——匈奴単于国の構造

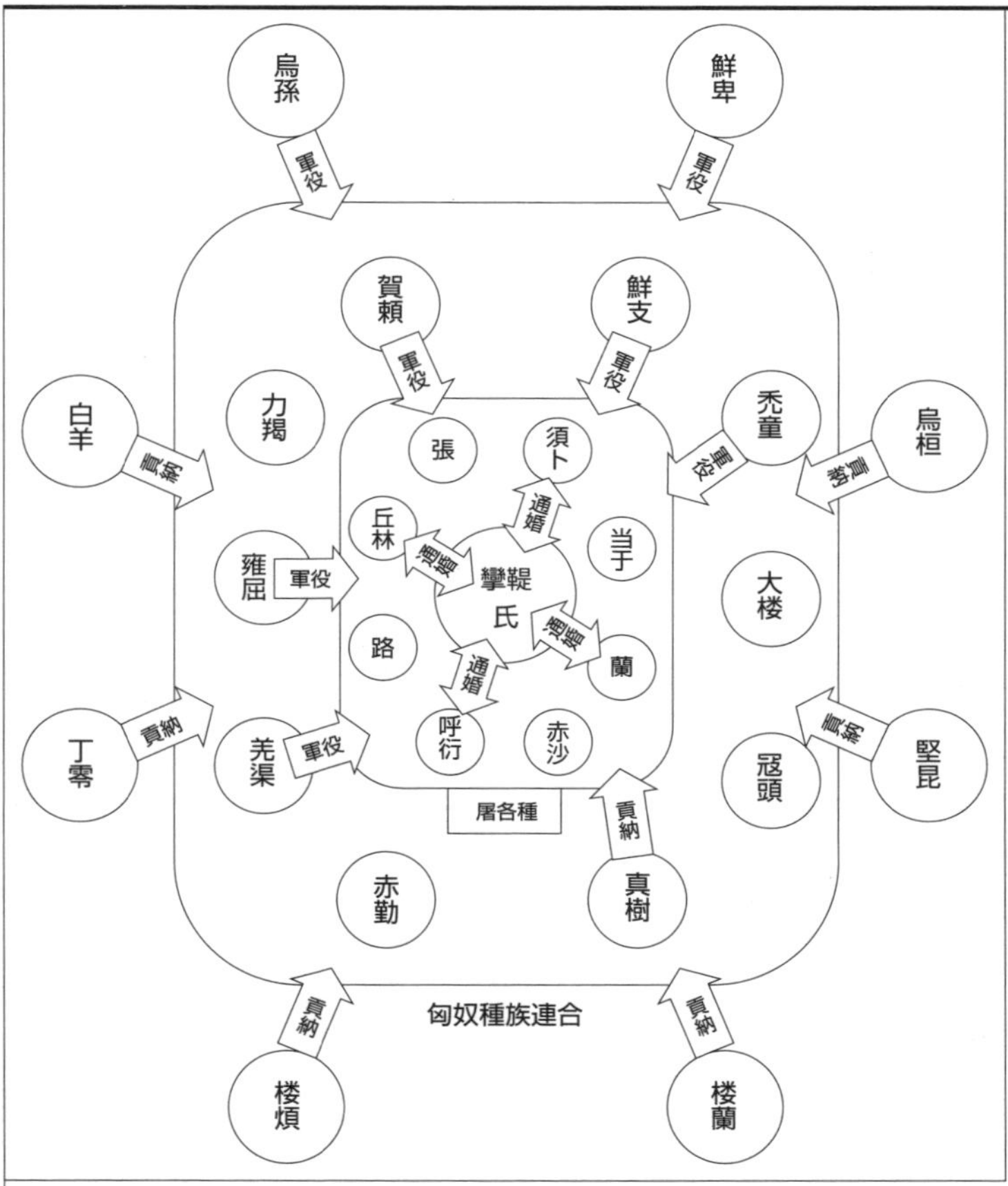
烏孫
鮮卑
軍役
賀頼
鮮支
力羯
張
須卜
通婚
丘林
攣鞮氏
当于
禿童
烏桓
白羊
貢納
雍屈
大楼
路
蘭
呼衍
赤沙
丁零
羌渠
冠頭
堅昆
屠各種
赤勤
真樹
匈奴種族連合
楼煩
楼蘭

いたが、月氏によってその王が殺され、息子の昆莫《こんぼ》は匈奴単于によって育てられた。やがて大人になると匈奴の支援をえて月氏を西に追いやって、烏孫の民を糾合して烏孫国を建国した。この話は、『史記』〈匈奴列伝〉に記述された老《ろう》上《じょう》単于の月氏討伐と符合する。彼は蘢城《ろうじょう》の会議にも出席せず匈奴との距離を保っていたようである。時折匈奴との間に小さな紛争はあったが、匈奴とはゆるやかな連合を組んでいた。

前一三九(建元《けんげん》二)年、武帝の命を受けて大月氏に旅立った張騫《ちょうけん》▲が、旅行中に烏孫の存在を知り、漢に帰国後、烏孫との提携を武帝に進言した。このとき、烏孫国内では漢派と匈奴派に分裂したことが伝えられている(『漢書』〈張騫伝〉)。以上のこうした烏孫事情に、匈奴の部族連合の実態を垣間みることができる。

『漢書』〈匈奴伝〉によると、烏桓・鮮卑《せんぴ》の東胡の後裔《こうえい》種族は毎年匈奴に対し、皮布税と称して家畜(牛・馬・ヒツジ)と貂《てん》や狐などの皮革類の貢納を強制されていた。とりわけ、烏桓の地で産した黒貂の皮は西域諸国に転売されるほどの貴重品であった。烏桓の民は、これらの皮革類を期日までに匈奴におさめなければ、女子や子どもらを人質としてとられた。そのほか、軍役をも課せられた

▼**張騫**(?~前一一四)　前一三九年漢の武帝の命を受け、イリ地方の月氏と軍事同盟を結ぶため出発するも、匈奴にとらえられ一〇年間匈奴で抑留生活を送る。その後に匈奴を脱出して大月氏を訪れ、前一二六年長安に帰国。彼によって中央アジアの情勢が明らかとなり、漢の西域進出の足掛かりをつくった。元封年間(前一一〇~前一〇五年)、武帝は細君《さいくん》公主を烏孫王に降嫁させ、漢と烏孫の提携は成立した。

▼**霍去病**(前一四〇~前一一七)　前漢武帝時代、匈奴討伐に活躍した武将。前一二一年、前一一九年にあいついで匈奴を大敗させ、渾邪王をはじめ匈奴の王侯をとらえるという功労をあげた。二四歳の若さで病死。後年武帝陵の近くに埋葬される。

▲遊牧・狩猟のようすが描かれた匈奴時代の岩絵(内蒙古自治区阿拉善)

ようで、とりわけ中国との戦争には駆り出された。さきにも紹介した鮮卑の大《たい》人投鹿侯《じんとうろくこう》(氏族長：壇石塊《だんせきかい》の父)は三年間、匈奴に従軍していたことが記されている。このように、匈奴による軍役例は、オルドス地帯の楼煩《ろうはん》・白羊《はくよう》・休屠《きゅうと》・渾邪《こんや》などにも課せられていたようだ。前一二一(元狩《げんしゅ》二)年、漢の武将霍去病《かくきょへい》の攻勢に敗れた渾邪王が、単于の怒りを恐れて隣接する休屠王を殺害して、漢にくだったとあるのもこうした事情を裏付けていよう。

ただ驚くべきことは、匈奴支配種属と配下の種族との間に、画然とした社会的な差異があらわれていることである。例えば、一〜二世紀遼北《りょうほく》一帯を占拠していた烏桓について、それを見聞した古代の中国人は、烏桓では大人自らが労働し、公事の労役はなく、大人の選出は一代かぎりの選挙制であった(『後漢《ごかん》書《じょ》』〈烏桓鮮卑列伝〉・『三国志《さんごくし》』〈魏志〉〈烏丸伝〉)と伝えている。この点で、攣鞮《れんてい》氏によって権力が独占されていた匈奴とは大きくかけ離れている。匈奴の支配を受けていた多くの種族は、従来からの自らの君長(または大人)をいただき、古くから固有の部族構造を温存し続けていたのである。それゆえ、支配者側も紛争の引き金となるので、無用に自らの価値観を他氏族に押し付けることはしなかったのである。

匈奴単于権の実態

冒頓時代、匈奴周辺の諸種族は、烏桓の例でも明らかなように一定の種族的統一をはたしていたとはかぎらない。これらを統一的に支配する場合、部落ごとに分散統治することは無駄が多く、ある程度広域的な統治組織が必要だった。匈奴では、その統治を四王に分散していたことはすでに述べた。当時としては、もっとも有効な統治形態であったと思われる。それだけに、四王の独自性が強くなり、単于との間に齟齬《そご》が生じることもありえた。

冒頓時代の後半(前一七八年)、右賢王が独自に河南《かなん》に侵入して、灌嬰《かんえい》率いる八万の漢軍と上郡の高奴《こうど》で激突している。このとき匈奴の侵攻により漢王朝に不満をもっていた済北王興居が反乱《はんらん》を起こした。このため文帝は灌嬰に軍を引き上げさせて、済北王の軍を討たせたため、匈奴右賢王も軍を引き上げ大事にいたらなかった。

だが、この事件について冒頓は文帝に次のような書簡を送っている。

漢の官吏が右賢王を侵侮し、右賢王は我（冒頓）にも告げず、後義・盧侯・難氏など諸将の計に従って、漢の官吏と憎み合い、両君主の約を断ち、兄弟の関係を離れさせた。（『史記』〈匈奴列伝〉）

とあり、右賢王が無断で軍事行動を起こしたとある。この手紙は、冒頓の文帝への言い訳ともとれるが、君主の知らないところで国際条約が破られることは異常なことであろう。

モンゴル帝国時代、チンギス・ハンが武将たちに言明して、

十戸の長が統率に失敗すれば、その家族ぐるみ死刑に処し、ほかの長を選べ。百戸の長、千戸の長、万戸の長も同断である。

（村上正二訳注『モンゴル秘史』）

という言葉が残されているように、モンゴル帝国時代は、軍律は厳しく遂行されていたが、匈奴では単于の統率権が完全に全体にまで行き届かなかったのではあるまいか。匈奴では、単于の側近として閼氏《あっし》氏族出身者に骨都侯《こっとこう》の職を与えて、匈奴内の諸王を監察していたが、これなども当時の単于権の限界をあらわすものであろう。

こうした軍事指揮権のありようは、単于と諸王との関係ばかりではない。『史記』〈匈奴列伝〉に次のような記載がある。

事を挙げるにあたっては、星や月を観察する。月が満てば攻撃し、欠ければ退却する。攻戦では、敵を斬首あるいは捕虜とすれば、一杯の酒を賜い、取得した鹵獲《ろかく》品はその者に与え、民をえればそのものを奴隷として与えた。それゆえ、戦闘にあたっては皆利得につこうとし、囮《おとり》の兵を使って敵を討ちとる。したがって敵を見ると利を追うこと鳥が集まるごとく、苦敗すると、瓦解すること雲が散るごとく分散する。戦時中、戦死者を車に乗せて回収した者には、ことごとく死者の財産をえた。

この記事を見ると、匈奴軍の軍律が末端にまで十分行き届いていないことがみてとれよう。当時、単于の諸将への伝達は、烏桓では大人が木に刻み目を入れて通達したと伝えられているが(『後漢書』烏桓伝)、匈奴でも同様であったと思われる。匈奴は独自の文字をもたなかったが、いくつかの記号が数点みつかっており、おそらく各部隊への伝達はこれらの記号をつうじておこなわれたようである。前一二〇(元狩三)年、伊稚斜《いちしゃ》単于のとき、単于が戦死したという間違った情報が流され、右谷蠡《うこくり》王が急遽単于に登位するという事件があった。これなどは、口伝えによって起きる間違いの典型的な例である。次期単于に誰がなるかは、国家にとって最重要事であることはいうまでもない。口頭による通達は、徴税・裁判などにも影響して不公平さをまねき、国家としての威信が損なわれる。

そのころ、匈奴の社会では単于が各部族の遊牧地を決定していたわけではない。他部族は、匈奴単于に従属していたとはいえ、それは匈奴の軍事力の前に屈服していたにすぎず、服従の意志さえ示せば従来どおりその地を自由に使うことが許された。この場合、服従の証として毎年一定の貢納と軍役、および蘢城への参加が義務づけられていた。

後漢時代、烏桓や鮮卑の部隊がたびたび北匈奴の先兵として使われたことが記録されている。匈奴が中国へ侵攻するには、他部族の軍事力を利用する必要があった。とりわけ、中国近辺の諸部族の兵は、漢との戦争では盾としての役割を担わされていた。動員を義務づけられた隷属部族側も、匈奴軍に参戦することによりそれに見合った戦利品がえられることが期待できた。『史記』『漢書』に、匈奴の中国侵攻作戦には多くの他部族が参戦しているようすが語られている。

冒頓がめざしたもの

冒頓があらわれた前三世紀後半のモンゴル高原には、権力の大小もなく、支配隷属の関係もない平等な社会を形成する一群の民が、一人の特別な能力をもった大人を中心に各地に分散して住んでいた。こうした大人たちを一つの権力のもとに集中させたのが単于であり、その頂点に立った人物が冒頓である。

冒頓には理想があった。その理想とは匈奴の民を豊かにし、北アジアでもっとも強い国にすることである。その理想を実現するために、父頭曼を殺しライバルである東胡を征圧した。だが、依然として西に月氏、南に中国(漢)というより強大な敵がいた。これらを倒さなければ、匈奴の民の安寧はない。ただ、中国と月氏は違っていた。冒頓の理想国家は、「尽《ことごと》く北夷を服従させ、南の方《かた》中国と対抗する」、「弓を引くもの一家と為す」(『史記』〈匈奴列伝〉)とあるように、遊牧社会の統合であり、中国は彼らにとって別世界である。しかし、中国を抑えることができれば、物資豊かな中国より多くの物産を手に入れることができ、国民を豊かにすることができる。そのためにも、中国を抑え込む必要があった。冒頓が中国との和親条約を結ぶさい、定期的な歳幣に異常な執念をみせたのはそのためである。幸い、毎年中国から一定の物資(綿・絹・米・酒・穀物)を受け取ることができ、定期的な交易が可能になった。

当時、北アジア世界統一で唯一障害となっていたのは、祁連山脈からアルタイ山脈に勢力を保持していた月氏であった。冒頓による月氏討伐は、文献で見るかぎり前二〇六年頃と前一七六年の二回おこなわれている。第一次征討と第二次征討との間に三〇年もあるが、それだけ月氏の力は強大であったともいえる。次の老上単于の時代(前一六六年)にもおこなわれているので、匈奴の月氏攻撃は計三回にのぼる。月氏併合に成功した匈奴は、その後これに連なる西域、チベットも勢力下におさめ、文字どおり北アジア世界統合に成功する。

冒頓が単于に登位(前二〇九年)してから前一七六年の北アジア統一まで、三〇有余年の歳月が流れている。勇猛果敢で名をはせた冒頓にしては、三〇年をこす年月とは意外と思われる方もおられるだろう。だが、冒頓が残した足跡は、内陸アジア史上では画期的なものであったことには変わりはない。

匈奴によって確立された軍事組織、すなわち単于庭を中心にした左右(東西)分統制、万騎以下十長にいたる機構は、その後の騎馬遊牧国家に受け継がれている。このほか、遊牧社会で必要な機構の多くは、匈奴時代に生まれたものである。一般に遊牧社会は停滞社会であるといわれるが、匈奴時代に生まれた合理的精神が、生活の知恵としてその後の遊牧社会へ受け継がれたのである。

冒頓により創成された匈奴遊牧国家は、多くの点で未成熟な点が多くみられることは否定できない。これは独自の文字をもたない匈奴では、支配者の意向をより確実に伝えられないという欠点があるからだ。だがその匈奴が四〇〇年にわたりモンゴル高原に君臨したのは、単に軍事力にのみ依存したわけではない。冒頓が築いた数々の諸制度が遊牧社会に根づいたことも確かである。冒頓による三〇年をこす北アジア征服活動は、その後の二〇〇〇年におよぶ内陸アジア社会の基礎を築き上げた。おそらく、冒頓は広域的な商業交易を媒体とした国家樹立をめざしていたのではないか。冒頓の夢が実現するのは、それより一四〇〇年もあとのことである。

冒頓単于とその時代

西暦	中国暦	おもな事項
前318		匈奴，韓・魏・趙・斉・燕の5カ国と連合して秦を攻めるも敗退。
307		趙の武霊王，匈奴の「胡服騎射」をまね，趙の軍隊に採用。
265		趙の将軍李牧，代国の雁門において匈奴10万騎を撃破（匈奴，以降10年間趙の国境に近づかず）。
221	始皇26	秦の始皇帝，中国全土を統一。
216	始皇31	匈奴，秦の阿房宮を襲撃して，秦の宮女，役人らを拉致強奪。
215	始皇32	秦の始皇帝，蒙恬を大将軍に命じて，匈奴討伐を命令。蒙恬，30万を率いてオルドスに出兵し，匈奴軍を撃破。蒙恬，黄河沿いに44の県城を築き，兵に屯田さす。同時に，旧北方三国（燕・趙・秦）の長城を修築して「万里の長城」を築造する。
210	始皇37	始皇帝死去。蒙恬，宦官趙高の策略に遭い自殺する。匈奴，ふたたびオルドス地区に侵攻する。
209		冒頓，父頭曼を殺して単于に登位。
208～206		冒頓，東胡を壊滅し，西の月氏を討つ（月氏討伐第一次討伐）。河南地方の楼煩王・白羊王を服属させ，蒙恬に奪われたオルドスを奪回。新たに，丁零・堅昆・屈射・渾庾・薪犂らの諸族を併合。
202	高祖5	前漢王朝の成立，劉邦，漢の高祖となり皇帝に即位。
201	高祖6	冒頓，馬邑を攻撃して，代官韓王信を匈奴に投降させる。
200	高祖7	白登山の戦い。冒頓40万騎をもって漢の高祖を7日間白登山に包囲する。高祖，陳平の策を用いて閼氏に贈物をして危機を脱出。都に逃げ帰る。
198	高祖9	冒頓，高祖と「兄弟の和約」を結ぶ。漢は匈奴に毎年，綿・絹・穀物を貢ぐ。漢宮室の娘を公主として，単于に降嫁することを約す。
195	高祖12	高祖死去。燕王盧綰，匈奴に投降。冒頓，盧綰を「東胡盧王」に命ず。高祖死後，冒頓は呂太后に非礼な書簡を送り，漢をゆさぶる。
182	小帝弘2	匈奴，狄道に侵入して阿陽を攻撃。
181	小帝弘3	匈奴，ふたたび狄道に侵入，民2000人を掠奪する。
177	文帝3	匈奴の右賢王，北地・河南・上郡を攻略して，人民多数を掠奪。文帝，この事件に対し抗議の書簡を送るとともに，戦車・騎兵8万5000を出撃。右賢王の軍を破る。
176	文帝4	冒頓，文帝に書簡を送る。右賢王に月氏を討たせ，かつ西域26カ国を平定したことを誇示する。文帝，匈奴が月氏を討って勢いに乗っていることより，右賢王の件を不問として新たに和平条約を結ぶ。
174	文帝6	冒頓死去。子の稽粥が老上単于に即位。新たに，匈奴・漢で条約を結ぶ。宗室の娘を公主として単于に降嫁。公主の従臣として中行説が同行し匈奴にくだる。

参考文献

秋山進午『東北アジア民族文化研究』同朋舎，2000 年
臼杵勲『鉄器時代の東北アジア』同成社，2004 年
岩村忍『モンゴル社会経済史の研究』京都大学人文科学研究所，1968 年
内田吟風『匈奴史研究』創元社，1953 年
内田吟風『北アジア史研究　匈奴篇』同朋舎出版，1975 年
内田吟風・田村実造他訳注『騎馬民族史——正史北狄伝 1』平凡社，1971 年
梅原末治『蒙古ノイン・ウラ発見の遺物』東洋文庫，1960 年
江上波夫『匈奴の社会と文化』(江上波夫文化史論集 3) 山川出版社，1999 年
小谷仲男『大月氏——中央アジアに謎の民族を尋ねて』東方書店，1999 年
加藤謙一『匈奴「帝国」』第一書房，1998 年
来村多加史『万里の長城攻防三千年史』講談社，2003 年
後藤富男『騎馬遊牧民』近藤出版社，1970 年
阪倉篤秀『長城の中国史——中華 vs 遊牧六千キロの攻防』講談社，2004 年
沢田勲『匈奴——古代遊牧国家の興亡』東方書店，1996 年
杉山正明『遊牧民から見た世界史——民族も国境もこえて』日本経済新聞社，1997 年
東京国立博物館・(財) 馬事文化財団馬の博物館編『大草原の騎馬民族——中国北方の青銅器』東京国立博物館，1997 年
林俊雄『スキタイと匈奴　遊牧の文明』講談社，2007 年
林俊雄『遊牧国家の誕生』(世界史リブレット 98) 山川出版社，2009 年
船木勝馬『古代遊牧民の国——草原から中原へ』誠文堂新光社，1989 年
堀敏一『東アジア世界の形成——中国と周辺国家』汲古書院，2006 年
松田壽男『古代天山の歴史地理学的研究』早稲田大学出版部，1956 年
宮本一夫『中国古代北疆史の考古学的研究』中国書店，2000 年
護雅夫・神田信夫編『北アジア史』(世界各国史 12) 山川出版社，1981 年
護雅夫『古代遊牧帝国』中央公論社，1976 年
護雅夫『古代トルコ民族史研究 3』山川出版社，1997 年
山田信夫『草原とオアシス』講談社，1985 年
山田信夫『北アジア遊牧民族史研究』東京大学出版会，1989 年
楊海英『草原と馬とモンゴル人』日本放送出版協会，2001 年
何光岳『北狄源流史』江西教育出版社，2002 年
周用宣編『中国北方民族关系史』中国社会科学出版社，1987 年
盖山林・盖志浩『遠去的匈奴』内蒙古人民出版社，2008 年
段連勤『丁零・高車与鉄勒』上海人民出版社，1988 年
張景明『中国北方草原古代金銀器』文物出版社，2005 年
武沐『匈奴史研究』民族出版社，2005 年
馬長寿『北狄与匈奴』三聯書店，1962 年
馬長寿『烏桓与鮮卑』上海人民出版社，1962 年
羅哲文『長城』清華大学出版社，2007 年
劉學銚『鮮卑史論』南天書局，1994 年
林旅芝『匈奴史』波文書局，1973 年
林幹『匈奴通史』人民出版社，1986 年
林幹『東胡史』内蒙古人民出版社，1993 年

図版出典一覧

梅原末治『蒙古ノイン・ウラ発見の遺物』東洋文庫，1960 年　*17* 上，中，下
盖山林・盖志浩『遠去的匈奴』内蒙古人民出版社，2008 年　扉，*27, 61*
中華人民共和国中学校歴史教科書　*33*
東京国立博物館『大草原の騎馬民族』1997 年　*1*
文物出版社編『中国岩絵』1993 年　*81*
馬利清『原匈奴，匈奴歴史と文化的考古学探索』内蒙古大学出版会，2005 年　*21*
羅哲文『万里の長城』北京外文出版社，1987 年　*22, 23*
シーピーシー・フォト提供　カバー表，カバー裏
著者提供　*26*

沢田　勲（さわだ　いさお）
1942年生まれ
明治大学大学院文学研究科博士課程満期退学
専攻，北アジア古代史
金沢星稜大学名誉教授
主要著書
『匈奴——古代遊牧国家の興亡』（東方書店 1996）
『中国古代の国家と民衆』（共著，汲古書店 1995）

世界史リブレット人⑭
冒頓単于《ぼくとつぜんう》
匈奴《きょうど》遊牧国家《ゆうぼくこっか》の創設者《そうせつしゃ》

2015年8月30日　1版1刷発行
2021年3月31日　1版2刷発行

著者：沢田勲《さわだいさお》

発行者：野澤武史

装幀者：菊地信義

発行所：株式会社 山川出版社

〒101-0047　東京都千代田区内神田1-13-13
電話　03-3293-8131（営業）8134（編集）
https://www.yamakawa.co.jp/
振替　00120-9-43993

印刷所：株式会社 プロスト

製本所：株式会社 ブロケード

 ISBN978-4-634-35014-4